AI时代的教育密码

由迷茫走向卓越

好家长的24节必修课

雷明贵 著

山东教育出版社
·济南·

图书在版编目（CIP）数据

由迷茫走向卓越：好家长的24节必修课 / 雷明贵著．——
济南：山东教育出版社，2022.12（2025.7重印）
ISBN 978-7-5701-2414-5

I.①由…　II.①雷…　III.①亲子教育　IV.①G781

中国版本图书馆CIP数据核字（2022）第232555号

YOU MIMANG ZOUXIANG ZHUOYUE
—— HAO JIAZHANG DE 24 JIE BIXIU KE

由迷茫走向卓越
——好家长的24节必修课　　　　　　　　　　　　雷明贵　著

主管单位：山东出版传媒股份有限公司
出版发行：山东教育出版社
　　　　　地址：济南市市中区二环南路2066号4区1号　　邮编：250003
　　　　　电话：（0531）82092660　　网址：www.sjs.com.cn
印　　刷：山东临沂新华印刷物流集团有限责任公司
版　　次：2022年12月第1版
印　　次：2025年7月第2次印刷
开　　本：720毫米×1020毫米　1/16
印　　张：10
字　　数：210千
定　　价：48.00元

（如印装质量有问题，请与印刷厂联系调换）印厂电话：0539-2925659

智能时代的育人三重奏

——学习力、共育心和教育魂

在比特与神经元交织的新纪元，GPT-4的代码流将照亮深夜的备课室，智能算法将精准标注每个孩子的认知轨迹。站在文明演进的十字路口的我们，不禁叩问：教育究竟要守护什么？又该革新什么？

这部凝结教育智慧密码的"三部曲"，尝试对时代之问做出回应。《给学习插上飞翔的翅膀》试图揭开学生认知黑箱，将神经教育学的最新发现转化为24个可操作的成长锦囊；《由迷茫走向卓越》试图重构家校共育的底层逻辑，指导家庭教育从经验迷雾走向科学明途；《悦纳与唤醒》回答时代给予教育者的挑战，淬炼教育者的灵魂，指导教育者在技术狂飙中守护人文火种。三卷著作如同三棱镜，将教育光谱分解为学习者、协作者、施教者三个维度，又在AI时代的阳光下重新整合为完整的育人光谱，构成一套解码AI时代教育本质的立体地图。

"学习力"的内涵已悄然进化。在神经可塑性与机器学习并行的未来，当知识获取变得唾手可得时，真正的学习不是源于芯片算力，而是源于心智动力。"学习力"不仅是记忆曲线与思维导图的精妙组合，更是情感脑与理智脑的协同共舞，是前额叶皮层多巴胺分泌与海马体神经突触生长的交响乐章。书中那些"思考一刻"与"教育者心智图谱"，让我们感受到作者试图将《黄帝内经》的形神合一智慧与德西的自我决定理论熔铸一体，锻造出具有文化根性的成长密钥的努力。

家校共育困境的本质是工业文明教育范式与数字原住民需求的错位。当AI原居民的零零后青少年在元宇宙中构建身份认同，传统权威式教育必然遭遇到青少年在成长过程中建立起来的数字免疫系统的排斥反应。"平行对话法"与"意义疗法中国范式"印证了维果茨基最近发展区理论的当代转化。这启示教育者不能再用经验筑起认知高墙，而是要以共情搭建支撑青少年成长的脚手架。正是在这个意义上，本书倡导，家长要成为"意识建筑师"，教师需转型为"意义助产士"。这种倡导，既是智能时代师生关系、父（母）子关系的要求，又与五百多年前王阳明提出"知行合一"的教育哲学形成跨时空共鸣。

教师的情感粒度成为创造教育奇迹、提升教育质量的重要指标。在AI解构传统教育时空观的当下，每个教育瞬间都是量子叠加态。教师的情感粒度、家长的认知弹性、学生的意义嗅觉构成监测教育质量的三个立体指标。作为教育者的教师，需要以"温暖而坚定的能量交换"引发"波函数坍缩"，需要将平庸的日常升华为改变学生命运的"虫洞"，将那些"衣袖下的伤痕"与"游戏攻略里的兵法"，在教师、家长、学生的量子纠缠中完成教育奇迹的跃迁，实现教育质量的提升。

　　三十年粉笔尘落定，三千里桃李芬芳。这套丛书反映出雷明贵校长三十多年教育实践的经验结晶。它不提供标准答案，不描绘完美蓝图，而是赠送二十四柄打开认知枷锁的钥匙，搭建二十四级通向教育本真的台阶。他尝试用《孙子兵法》的谋略解构学习焦虑，尝试用《九色鹿》的寓言重构生命意义，尝试用三星堆的青铜纹饰启示创伤修复。

　　站在人工智能的肩膀上眺望未来，教育者比任何时候都更需要清醒的认知。技术可以优化教育流程，但永远无法替代师生间的心灵共振；算法能够诊断知识漏洞，却难以测量理想的热度。愿这套丛书能有助于学习者在信息洪流中锚定方向，有助于家长在育儿迷途中找到星轨，有助于教师在专业进阶时触摸苍穹。

于发友

2025年仲夏于北京

（本文作者系中国教育科学研究院副院长、研究员）

目 录

引 言 ………………………………………… 001

专题一　挚爱中的迷茫

1　起床的战争 ……………………………… 004

2　不想听大人的话 ………………………… 010

3　妈妈的"唠叨" …………………………… 016

4　孩子不喜欢被表扬 ……………………… 022

5　别人家的孩子 …………………………… 028

6　我再也不碰钢琴了 ……………………… 034

7　不买手机，我就不上学 ………………… 040

8　实现不了的"手机约定" ………………… 047

专题二　压力下的觉醒

9　从小学升入初中 ………………………… 054

10　"简单题"为什么不得分 ……………… 060

11　给作业拖延"把把脉" …………………… 066

12　考试之后 ………………………………… 072

13　"一心学习"真无奈 …………………… 078

14　上学，没意思 …………………………… 083

15　家有中考生 ……………………………… 089

16　职业高中还是普通高中 ………………… 095

专题三　放手后的成长

17　我的发型我做主 ………………………… 102

18　班主任的电话 …………………………… 109

19　我想要的运动鞋 ………………………… 115

20　书包里的情书 …………………………… 122

21　追星，招谁惹谁了 ……………………… 129

22　我被困在"网"中央 …………………… 135

23　吃了一"堑"没长智 …………………… 141

24　暑假，我要这样过 ……………………… 147

引 言

在AI时代的浪潮下，为人父母无疑是人生中最为幸福的旅程之一。然而，当遭遇孩子"不求上进"等诸多成长难题时，即便家长们广泛涉猎家庭教育书籍，积极聆听专家讲座，熟知众多教育理念，却往往仍会陷入手足无措的困境。

"学到"与"学会"，看似相近，实则分属两个截然不同的层次。"学到"，仅仅停留在对知识、道理的认知理解层面；而"学会"，则意味着能够在千变万化的实际情境中，精准运用所学知识解决问题。这就如同学生在课堂上的表现：被问"听课了吗？"答"听了。"再问"听懂了吗？"答"听懂了。"可考试成绩出来，面对错题，学生称"忘记了"。这一现象揭示出，一方面当时的"听懂"确有其事，另一方面后续的"忘记"也是不争事实。究其根源，知识本身若不能内化于心，便难以外化于行。题目做错，极有可能是孩子尚未将所学知识真正吸收、融入已有的认知体系，抑或是未能借助新知识更新认知，进而无法以升级后的认知指导自身行为。同理，家长若要成为孩子成长路上的优秀引路人，就必须实现从"学到"到"学会"的跨越，将教育道理真正内化为自身行动。

在AI时代，家校合育的重要性愈发凸显。家庭与学校不再是孤立的教育场所，而是紧密相连、相互影响的教育共同体。学校教育提供系统知识与社交平台，家庭教育则塑造孩子的价值观、性格与习惯。

两者协同合作，能为孩子营造全面、持续的成长环境。AI虽能提供海量教育资源与工具，但无法取代家长与教师在孩子成长中的情感陪伴与个性化引导。

本书紧扣AI时代背景下家校合育的原理，精选24个常见的家庭生活场景，深度观察同样事件在不同家庭的处理方式及其产生的不同结果。通过多元比对，助力家长探寻提升家庭教育能力的切入点，引导家长从更为新颖、高效的视角去认识孩子、审视自己。这些源自真实家庭的事例表明，换个角度看问题，不仅能让家长收获截然不同的心境，更能带来焕然一新的教育成效。

本书大力倡导家长将自身成长置于首位，实现从单纯关注"如何教育子女"向以"提升自身素质"和"亲子共成长"为主的观念转变。强调家长需先重塑自我，方能正确认识并有效助力孩子成长。书中所呈现的理念与方法，均源于作者三十年来在学校教育与家校共育实践中的深厚积累，真切反映了家长们面临的现实困境与切实需求，相信定能为家长们带来实实在在的启发。

本书作为家庭教育领域的读物，不仅能够促进家长的自我成长，提升亲子教育能力，还能助力实现亲子和谐与家庭幸福的美好愿景；同时，亦可作为家长学校组织教学的通用课程，推动家长学校建设朝着课程化、规范化方向发展。

衷心期待本书能助力更多家长找到契合自身家庭的教育方法，引领他们摆脱教育过程中的迷茫，踏上卓越的成长之路，与孩子在AI时代携手共进，共同书写美好的成长篇章。

雷明贵
2025年5月

挚爱中的迷茫

起床的战争

短镜头

　　早上，孩子按时起床，吃过早饭后准时上学……这是每个家庭的"晨曲"。孩子上了初中，学习压力大了，让他（们）准时爬出舒适的被窝，有时还真不是件容易的事。可父母要按时上班，孩子得准时上学，没有时间等待孩子睡懒觉和磨蹭啊……

家庭故事

场景A

　　周一早上，妈妈又开始大声喊："小明，快穿衣服，再磨蹭就来不及吃早饭了！"边喊边往餐桌上摆早饭。

　　妈妈准备好了，发现孩子卧室的门还是紧闭着，就更着急了："你听到我说话没有？怎么跟没叫你似的？我早饭都做好了，你还没有起床吗？"

　　小明没好气地说："每天早上都要大喊大叫的，真烦人，我又不是不起，就不能少说两句吗？"

妈妈气坏了，瞪眼叉腰："少说两句，我说这么多你还不起呢，我倒是想少说两句，那你还不得旷课啊！自己没点数吗？"

小明气呼呼地走出卧室，当当啷啷地洗漱完，胡乱扒拉几口饭，抓起书包上学去了，留下妈妈在不住地抱怨。

心理分析

1. 小明和妈妈之间矛盾的焦点是什么？

2. 小明妈妈为了儿子按时起床采取的措施是什么？妈妈很生气，自己付出了那么多，为什么还是没有解决小明按时起床的问题呢？

3. 每天早上起床，小明都很不愉快。小明的目的是什么？和妈妈之间每天都爆发的"战争"，让他达到目的了吗？

场景B

妈妈第三次催促之后，小浩从卧室里慢吞吞地走出来。

妈妈道："今天，喊了你三次才起床。妈妈既因为担心你迟到而着急，又因为你不把我的话当回事而生气，心里很不舒服。"

小浩奇怪地问："老妈，好奇怪呀！我赖床，今天你怎么没骂我呢？"

妈妈扑哧一笑，说："怎么，没把老妈逼疯，你感觉人生不圆满，是不是？"

小浩叹了一口气，说："唉，起床似乎是个大难题，就好像有一百只章鱼的爪子把我吸在床上，让我动弹不得……"

妈妈提醒道："快吃饭吧。不过，是得想想办法，怎么把你心里的章鱼怪给清理一下！"

小浩边洗漱边说："有的同学是让闹钟替他管理时间。要不，我也买个闹钟，把铃声音量设置得大点，说不定能把章鱼怪吓跑呢。"

妈妈认同地说："这也是个办法。今天我也问一下其他家长，看看别人有没有好的方法，我们也可以借鉴一下。"

母子俩开始愉快地吃早饭。

心 理 分 析

1. 小浩和妈妈之间冲突的焦点是什么？

2. 妈妈的什么举动让小浩感到奇怪？妈妈的改变与小浩主动想到让"闹钟"来帮忙之间有没有关系？

3. 妈妈的调整能否唤醒儿子面对问题的主动性，解决赖床的问题呢？

专家课堂

进入初中，孩子的身高开始超过家长，也算是大人了。"该不该喊孩子起床"的话题背后，隐含的却是孩子的独立性该怎样培养、家庭教育需要做出什么样的改变才有利于孩子独立性的培养的问题。

首先，按时起床是父母的事，还是孩子的事?

频频陷入"起床战争"的孩子，有着他们的"解释模型"：我是在为父母起床（学习），所以你应当照顾好我，否则我就不高兴；就不应当按时起床，本来我就是为你学的啊……而这往往让父母很恼火："他怎么能这么想问题呢?"其实这是因为这些孩子理所当然地认为"起床不是我的事，反正父母会叫我"——你叫我一下我就会起床，你声音不够大我不起床，你声音那么大我不想起床。孩子知道，父母是不会让自己迟到的。

家长需要坚定：起床是孩子的事，学习是孩子的事，本质上这些都不是大人的事情。和孩子划定一个清晰的、明确的界限，对于培养孩子的独立性很有必要。既然学习是孩子自己的事情，家长能做的就是设定界限后，尊重孩子的选择，让孩子承担自己选择的后果。

？思考

按时起床、准时上学，本不该是一个问题。"本不该是问题的事情"最后却成了问题，这给家长们的启示是什么?

其次，尊重、接纳是唤醒孩子独立性、主动性的可靠办法。

一位当教师的朋友分享了一个家庭故事：侄子上初中了，因为沉迷于玩手机游戏不能自拔，以致无法到学校学习。大哥大嫂对孩子或打骂，或哀求，但是孩子依旧是手机不离手，宅在家里没白天没黑夜地玩手机。

朋友心想，自己作为一名教师，天天教育学生不能玩手机，还引导很多学生摆脱了对手机的迷恋，自己应该对侄子做点什么，才不枉费教育专家的名头。她想了一番，最终忍住了说教的冲动，依然只是对侄子微笑，表示友好和关心。直到有一天，侄子主动找到她，要她陪着去看心理医生。这时她才和侄子谈心，分享自己教育学生的各种案例。侄子很受触动，慢慢地也走出了迷恋手机的泥沼。

？思考

1. 案例中，爸爸妈妈的打骂与哀求，为什么不能帮助孩子走出迷恋手机的漩涡？

2. 姑姑似乎什么也没做，为什么却成为孩子的求助对象，成为孩子走出游戏世界的重要之人？

再次，允许孩子犯错，也鼓励孩子承担相应后果。

家长要明白，也应让孩子明白：哪些是孩子分内的事，是不可逾越的界限。一个孩子不能按时起床、上学迟到，就要承受老师的批评和同学们异样的眼光。随着年龄的增长，孩子的个人意识不断觉醒，接纳和尊重孩子的情绪，尊重孩子的想法，其中包含着"允许孩子迟到"，尽管这也的确让家长对孩子很担心。接到老师反映孩子在校情况的电话，家长在对老师的关心表示敬意、与老师积极沟通后，也要狠心让孩子承担犯错的后果。独立性形成的标志是自我负责，让孩子遵守规则能促进孩子的独立性，而承担违反规则的后果也能增进孩子的独立和自主。

?思考

　　很多家长习惯于督促孩子，表面上看，这的确可以防止孩子犯错。但是同时，这样做对孩子独立性的影响可能是怎样的？

最后，把选择权留给孩子。

　　一位妈妈分享了记录女儿成长过程的日记：随着女儿的成长，她的自我意识越来越强。在许多事情的判断与选择上，我不多言，也不与她争论，只是提供建议。在如何规划自己的学习生活、提高学习效率方面，我和女儿共同尝试每天先做重要紧急的事，接着做重要不紧急的事，不重要不紧急的事放在最后。她不但把弹琴、读英文书籍、做作业安排得井井有条，还空出大量时间上网、做手工、画画。拥有自主的选择权，孩子才能发展出独立的自我，才会走向真正的成熟。

?思考

　　培养孩子的自主和独立意识，就是让孩子拥有选择权。案例中这位妈妈的做法，对我们解决"该不该喊孩子起床"的问题有什么样的启示？

练一练

　　1. 打破"不喊不起床""不催不做作业"的循环，家长需要做出什么样的改变？

　　2. 孩子自己的事情，让孩子自己做主。请列一个清单，写出哪些是孩子自己的事情，并让孩子遵照执行。

2

不想听大人的话

短镜头

孩子进入青春期后，家长们发现孩子越来越难以沟通了——明明大人是为了孩子好，明明是很爱孩子，却有时没说上几句话，孩子的言语间就充满火药味，回家就把自己关在房间里……种种表现，让家长感到着急，到底该怎么和孩子沟通呢？

家庭故事

场景A

放学回家，小明一进家门，妈妈便迎上去。

妈妈笑着说："回来啦，考试成绩出来了吧？"

小明没说话，径直走向冰箱，拿出一瓶可乐。妈妈说："不要总是喝饮料，要多喝热水。"

小明蹦出两个字："不要。"

妈妈紧接着追问："楼上乐乐妈说你们的考试成绩出来了。你考了多少分？快点说话呀！乐乐这次考得挺好的，你是不是又没考好？每次都提醒你要仔细一点，还是太粗心，你怎么就不能好好考？你要知道爸爸妈妈工作这么忙，为了你……"

小明听到这儿，径直走开，"啪"的一声把妈妈的话关在了门外。他无力地躺在床上，心想：好累啊，不管考得好不好，都只会拿我和别人比。啥事都要啰唆，为什么就不相信我能考好呢？你们很辛苦，但是也不能什么都替我做决定吧！我连喝瓶可乐都要听大人的，真是没劲透了！

心 理 分 析

1. 小明为什么不想听妈妈说话？

2. 通过小明的内心独白，你觉得他想要的是什么？

3. 站在妈妈的角度，她这么唠叨的背后是希望孩子有什么改变？这样的表达方式，能把孩子变成她所期望的样子吗？

场景B

小东放学回家，妈妈正在厨房做饭。

妈妈笑着说："回来啦，快洗洗手吃饭，今天做了你最爱的油焖大虾。"

小东小心翼翼地从冰箱拿了一罐可乐，妈妈看见了也没说什么。

小东还等着妈妈问成绩呢，直到吃完饭，妈妈也没问他考得怎样。

小东小心翼翼地问："妈，这次你怎么不问我成绩了？楼上乐乐妈肯定都和你说了吧。"

妈妈淡然地说："嗯，说了，不过我想听你说。你要是不想说呢，妈妈也不会追问，你肯定有你的道理。"

小东委屈地说："我能有啥想法？还不是因为你总是拿我和乐乐比，你知道她学习那么好，我现在肯定一时半会儿赶不上，可你每次都比，我都不想理你了。"

妈妈诚恳地说："妈妈向你道歉，妈妈以前老是拿你的学习和别人比，没看到你好的一面。其实，你乐于助人、不怕困难，妈妈一直都知道，我的儿子也是很优秀呢。"

小东眼睛一亮，问道："你说的是真的吗？以前，我可从没听你说起过呢。"

妈妈摸了摸小东的头，说："当然了，还不只这些呢！"

小东敞开心扉，主动和妈妈说明了这次考试的情况。妈妈只是认真听着，没有任何评论。

心理分析

1. 小东妈妈今天和平时有什么不一样？

2. 妈妈的改变让小东感觉到了什么？

3.妈妈的"不问"换来了小东的"主动说"，这是为什么呢?

专家课堂

许多父母很委屈:孩子一听自己说话，便把他们拒之千里。小时候，孩子就像小麻雀，什么都要跟家长说一说;长大了，孩子和家长之间成了"相看两相厌"，大人还没张嘴呢，孩子的神情就已经把家长拒之千里了。孩子长大了为什么不想听家长说话了呢?

首先，尊重孩子，给孩子说话的机会。

许多家长和孩子的交流是"一言堂"，不让孩子说话，把自己的意愿强加给孩子，从而引起孩子的反感情绪甚至反抗行为。再小的孩子，也是一个独立的主体，更何况是进入青春期的青少年，他们有属于自己的生活空间和精神世界。父母要给予孩子足够的尊重，在孩子希望表达的时候，要懂得倾听孩子的想法，了解孩子真正想要的是什么:"这件事，你能告诉爸爸妈妈，你是怎么想的吗?"这样孩子也愿意真心听听父母的想法。在孩子有自己的想法时，尊重他的选择，在安全、符合规则的前提下，让孩子更自主地做选择和决定，即便可能走点弯路、吃点亏，那也将成为孩子生命中宝贵的个人经验。

思考

只有用心"倾听"才能换来"被倾听"，这对你和孩子的沟通有什么启示?

其次，放下架子，学会换位思考。

进入青春期，孩子认为自己的思想已经成熟，有些事情不想告诉父母，甚至对父母的过分关心产生厌烦。遇到这种情况，家长还想用身份以大压小的话，说不上三句话就吵起来也在意料之中。有些家长完全是从自己的角度、以自己的经验去认识和解决问题，认为自己的方法才是最正确的，意识不到孩子对问题有着自己的态度和看法。其实，正确的做法应该是：放下"父母"的架子，多从孩子的角度去想一想要求孩子做的事情，以及孩子自己想要做的事情。当家长以朋友的身份与孩子交流时，会缩小与孩子之间的心理距离，缓和、消除孩子的反抗情绪，使他们乐意接受大人的意见。

？思考

青春期的孩子越来越有主见，父母与他们交流时要注意哪些问题？

最后，适当收声，试着"少说多做"。

如果孩子放学回到家就把房门一关，不叫吃饭都不会出来；家长问一句，孩子答一句，回答也是含糊不清的，再问几句就极不耐烦。这个时候家长需要反省自己，是不是经常唠叨，让孩子产生了抗拒心理。家长此时要学会适当收声，不要三句不离学习，日常提醒应做到少而精；如果孩子已经对家长的言语表现出反感，家长要学会适时闭嘴，做好自己的事情。比如，希望孩子少玩手机，家长自己就不应该抱着手机不放。家长行动上的示范会潜移默化地影响孩子。

？思考

　　当孩子不愿和大人沟通时，有的家长会步步紧逼，和孩子较劲，这对亲子沟通有什么影响？

练一练

　　1. 打破孩子"不想听大人说话"的困境，家长需要做出什么改变？

　　2. 每周安排一个"倾听日"。这一天，家长坐下来，耐心倾听孩子说话，时间至少30分钟。

妈妈的"唠叨"

初中阶段，既是孩子生理发育的高峰期，也是亲子矛盾的高发期。当孩子变得"不那么听话"的时候，出于特有的爱心与"忧患"意识，家长们往往不停地向孩子提要求，进而持续地唠叨，孩子对家长的话也是充耳不闻，经常是"你说你的，我干我的"，亲子之间由此"狼烟四起"……

场景A

进入初中后，美美的数学成绩始终在及格线附近徘徊，这令妈妈非常着急。

"今天数学课怎么样？上课听得懂吗？"一家人正在吃晚饭，美美妈又打开了话匣子。

"还可以。"美美答道。

"要先复习，再写作业，上课要注意听。"妈妈又开始叮嘱。

"好啦，您都讲了一百遍了，您不烦，我都烦了。"美美很不耐烦地说。

"一百遍，你也知道次数多呀？问题是，你的数学成绩勉强及格，我要是不唠叨，你还不知道要差到哪里去呢！"妈妈开始唉声叹气。

"你根本就不懂！"美美委屈极了。

心理分析

1. 妈妈和美美之间矛盾的焦点是什么？

2. 美美妈为了孩子数学成绩的提升，采取的措施是什么？效果如何？

3. 妈妈付出了"说一百遍"的努力，也没有解决美美的数学成绩问题。你觉得妈妈的方法出了什么问题？

场景B

进入初中后，平平的数学成绩始终在及格线附近徘徊，这令妈妈非常着急。

"今天数学课怎么样？上课听得懂吗？"一家人正在吃晚饭，平平妈又打开了话匣子。

"唉……"平平无精打采地回应了一声。

"哦，对不起。妈妈有点唠叨了……"见儿子情绪低落，妈妈意识到自己又有些焦虑了，真诚地向儿子表达了歉意。

平平低下头："我觉得自己笨透了，数学就是学不好……"

妈妈温柔地看着平平："嗯，看来数学学习给你的感觉不太好。"

平平委屈地说："其实，我感觉自己下了很多功夫……"

妈妈轻轻地回答："妈妈也看到了你的努力。没有取得预期的成绩，的确让人心里不好受。"

得到妈妈的理解，平平心里放松了许多："不说啦，我得认真梳理下，看看错题中隐藏了哪些密码。"

妈妈给儿子竖起了大拇指。

心 理 分 析

1. 妈妈和平平之间发生了什么？

2. 平平的数学成绩有待提升，妈妈做了什么？效果如何？

3. 妈妈似乎没做什么，平平反而开始主动研究错题。妈妈的态度和儿子的行为之间有什么联系呢？

专家课堂

何为唠叨？唠叨就是说话啰唆、冗长、不简洁，对同一件事反复说个不停。一项针对中学生的问卷调查显示，有近98%的被调查的孩子认为最不能接受的家长行为是"唠叨"。家长们乐此不疲地唠唠叨叨，本就是"为了孩子"，为什么却成为孩子们共同的心结呢？

首先，唠叨让家长觉得自己"很权威"。

爱唠叨，这几乎是天下父母的天性，即使孩子年龄再大，再有出息，在父母眼里仍然是需要呵护的孩子。想一想，当自己的孩子功成名就之时，父母依然对那个成功人士（自己的孩子）千叮咛万嘱咐，这份荣耀的确会给人带来极大的满足感：你在外人面前再厉害，不也得听我的！

一位女士说，父母怎么能对孩子这么唠叨呢？有了娃后终于明白了，那些随口而出、不断重复的唠叨，对孩子往往不但起不到什么好作用，而且会让孩子产生抵触情绪。即便如此，自己也不肯放弃唠叨，是因为唠叨孩子给自己带来了美好感觉，这份感觉给人的心理滋养太大了！

?思考

唠叨是亲子关系的"腐蚀剂"，而很多家长依然"乐此不疲"。唠叨，给家长本身带来的"好处"是什么？

其次，家长需要觉察唠叨里的"心理投射"。

一位妈妈说，唠叨不只是为了孩子好，还为了让孩子少受苦！父母吃的盐比孩子吃的米多，过的桥比孩子走的路多，经历的坎坷与磨难也是孩子无法想象的。她总是担心孩子"遭受自己曾经的磨难",只要"不断地提醒、督促,就能让孩子免受其苦"。事实真是这样吗?

所谓"投射",是指个体依据其需要、情绪的主观指向,将自己的特征转移到他人身上的现象。其实质是个体将自己身上所存在的心理行为特征推测为在他人身上也同样存在。很多父母从小经历了磨难,在心里留下了阴影,他们除了有对孩子可能遭受伤害的担心,还会无意识地把自己的有心无力投射给孩子。让孩子们烦之又烦的唠叨,其实完全是因为家长不安情绪的投射,也就是孩子承载了家长的心理情结。所以,明智的父母,应该是一个善于觉察和自省的人,能够及时察觉到自己的焦虑,也能够及时感受到自己对孩子的过分担心,同时能够修养自身,让自己变得强大。

❓ 思考

　　我没有得到的,希望孩子得到;我没有完成的,希望孩子完成。请问,不少家长对孩子的千叮咛、万嘱咐,给家长本身带来的"好处"可能是什么?

最后,学会表达真爱。

不可否认的是,"唠叨"这种行为是非常主观的。简单来说,唠叨就是我们以自己的方式向孩子表达:这件事你没有做好,你要听爸爸妈妈的话,及时改正就是好孩子。在我们不停地唠叨时,其实忽略了很多本质上的事情。比如:孩子为什么会做错事?为什么撒谎?为什么顶嘴?我们只顾表达不满,或者评价对错,却没有去思考该怎样从本质上帮助孩子纠正错误。所以我们会发现,往往很多唠叨都是以家长更生气、孩子更委屈为结局的。孩子之所以会委屈,是因为当家长在唠叨的时候,他听到的潜台词就是指责、批评、抱怨和否定,他感觉不到父母的尊重和爱。

什么样的表达才能让孩子感受到爱呢？一个家庭得知孩子考试作弊时，家庭会议这么开始："孩子，听老师说你在考试时作弊了，我们想请你谈谈对这件事的看法。"可以想象，不懂"爱"的父母，对孩子没有信心和尊重，是不可能做到这一点的，这也绝不是脾气好坏的问题。所以家长需要对孩子表达真爱，给予孩子充分的信任和尊重。只有被尊重，孩子才可能获得自尊，从而产生主动发展的内部动力，而这正是孩子健康成长的首要条件。

? 思考

有的父母很委屈："为孩子上学我们花了那么多钱，还不算爱吗？"如何判断家长给孩子的是不是真爱？

练一练

1. 作为家长，思考一下父母对自己的"唠叨"，重新体验一下自己对父母当年"唠叨"的感受。

2. 做一做：亲子角色互换，让孩子唠叨家长，互相体会对方的难处。

4

孩子不喜欢被表扬

短镜头

初中阶段的孩子像是要开放的花朵，父母的表扬与喝彩如同春雨甘露。有些家长却发现，当他们对女儿说"你很漂亮"时，她会摇头否认；当他们对儿子说"你非常聪明"时，他会尴尬地走开。是孩子们都不喜欢被表扬了吗？

家庭故事

场景A

妈妈习惯"打压式"教育，经常批评孩子。最近，小新的数学成绩直线下滑，惯用的批评早就不起任何作用。小新妈妈在一次家长课中得知赏识教育对孩子很重要，决定试一试。

放学后，小新拿着82分的数学试卷给妈妈看，这可是儿子考得最好的一次了。

妈妈虽然还是不满意这个成绩，但还是扯出一抹笑容，说："真是太阳从西边出来了！我儿子的数学总算上80了，不错啊！这以前都不及格呢!"

小新脸上的笑容瞬间凝固,问道:"妈,你啥意思啊?"

妈妈说:"还能有啥意思,夸你考得好啊!"

小新别扭地说:"你这是夸我吗?听着就怪怪的……"

妈妈嗔怪道:"我看你是不挨两句骂就难受。"

小新心想:真虚伪,还不如不夸呢!

妈妈看着孩子离开的背影纳闷:孩子确实做得不错,为啥我夸了他,他还不领情呢?

心理分析

1. 小新为什么觉得妈妈的夸奖怪怪的?怪在哪里呢?

2. 妈妈的表扬想传达给小新什么意思?小新接收到的又是什么意思?

3. 为什么小新不喜欢妈妈的表扬?妈妈日后可以做哪些调整?

场景B

放学后,小宇拿着82分的数学试卷给妈妈看,这可是他近来考得最好的一次了。

妈妈拿着试卷,激动地看了一遍又一遍,嘴巴笑得都合不拢了。

小宇挠着头问："妈，你咋了？"

妈妈高兴地说："妈妈太高兴了。你的努力得到了回报，真的很棒！"

小宇有些不好意思，妈妈见状说道："妈妈知道以前数学成绩下滑你比谁都着急，但是妈妈始终相信那只是暂时的，你会迈过那个坎，这次的成绩不就是证明吗！"

小宇坚定地点点头，暗下决心：继续努力！

心理分析

1. 小宇妈妈的表现让小宇感受到了什么？

2. 妈妈的表现对小宇以后的成长会有什么帮助？

3. 为什么小宇妈妈的表现没有让小宇感到怪怪的？

专家课堂

喜欢被表扬是人的天性，听到别人的表扬，人的内啡肽分泌量会增加，幸福感、价值感也会提升，对表扬自己的人也会产生好感。

幼儿时期、小学低年级的孩子被表扬时，一定会展现出他们充满阳光的笑容。随着孩子的认知水平不断提高，特别是青春期的孩子，他们会觉得有些表扬太廉价，令他们感到尴尬。那么，面对青春期的孩子，家长如何表扬才会让孩子接受呢？

首先，表扬要真诚用心，拒绝暗讽或取悦。

许多青春期孩子的家长都有小新妈妈的体验：明明想表扬，孩子却不领情。这是因为父母表扬得很勉强，甚至会隐含着批评和讽刺，不能正确地传达对孩子的肯定和爱护，无形中打击了孩子的积极性。小新妈妈的话语让小新感觉到自己的进步就是偶然，自己的能力、努力也没有得到认可。

也有的家长对亲子沟通存有畏难情绪，加上心疼孩子学习压力大，所以不惜使用"好言好语"来讨好孩子。但事实上，家长的这份"好心"并不会取得好效果，当孩子觉察到家长的表扬不真诚时，便会出现负面的心理反应。有的孩子会认为"我并没有你说得那么好，不需要这么夸张""你表扬我是不是接下来对我有什么要求"。所以家长一定要真诚地表扬孩子，千万不要为讨好孩子而言不由衷，更不要表情过分丰富、言辞夸张地赞美青春期的孩子。

？思考

为什么"讨好"型的表扬会让孩子离父母越来越远？

其次，表扬要具体明确，避免笼统模糊。

有的家长在表扬孩子时喜欢使用一些笼统模糊的言辞，如"你真棒""你真能干""你真聪明"……实际上这类缺乏具体内容的表扬，让人不舒服且看不清方向。对于青春期的孩子来说，听到别人夸自己很棒、聪明、了不起，常会觉得尴尬，会不自觉地否认，而这些否定的推论恰恰对他们形成健康人格起到反作用。家长在表扬孩子时，一定要减少或避免笼统评价，就事论事使用描述性的具体评价，比如"你这几天坚持早起，妈妈省心多了""你最近的数学作业答题很规范，小错误越来越少了"……这类指向明确的表扬，会清晰地描述出孩子做的具体事件和家长的具体感受，主要聚焦在孩子的努力和具体过程上，更利于他们清楚努力的方向和养成良好的品质。

? 思考

指向明确、具体的表扬对于孩子良好品格的养成是如何起作用的？

最后，表扬要形式多样，避免单一僵化。

日常生活中，家长用得最多的自然是语言表扬，但很多家长的表扬语言比较单调贫乏，大都是一些陈旧老套的词语，如"很好""不错""聪明""能干"等。这对于青春期的孩子来说，且不说表扬是否正确合适，听得多了，他们心里也会产生"唠叨"之感，或者会觉得"幼稚"甚至"难为情"。家长应多了解孩子喜欢的语言体系，用简单自然而又不失新意的言辞表扬孩子，往往能起到出乎意料的效果。比如可以使用幽默的语言进行鼓励，也可以偶尔使用孩子平时喜欢的语言进行表扬。家长还可运用肢体语言和表情语言，如一个温暖的拥抱、一个赞许的眼神、一个惊喜的表情、一个微笑、一次点头或是竖起大拇指……这些真诚的非语言表扬，有时候更容易为孩子所接受，也更能打动孩子的心，起到"无声胜有声"的效果。

? 思考

如何表扬，才能避免让孩子觉得"唠叨"？

练一练

1. 你的孩子有没有拒绝表扬的时候？孩子为什么拒绝表扬？

2. 结合实际，给孩子一次真诚的、具体的、特别的表扬，体会表扬后自己的感受，并询问孩子的感受。

5

别人家的孩子

短镜头

　　我们从小就一直有个"神"一般的对手，叫"别人家的孩子"。从生活到成绩，从态度到性格，从身体到能力……我们似乎永远比不上一个叫作"别人家的孩子"的人。在孩子的眼中，"别人家的孩子"是一个可望而不可即的存在，仿佛他/她才是爸爸妈妈心心念念的宝贝。

　　很多父母都会有意无意地用别人家的孩子来刺激自己的孩子，以为能够激发他们的上进心，让孩子能够更加努力。可结果真的是这样吗？

家庭故事

场景A

欢欢在一次数学考试中提高了10分。

　　期待得到夸奖的欢欢却迎来了当头一棒，妈妈说："提高10分没什么好骄傲的，因为学校出的题都比较简单。像米桃这种在竞赛中拿第一名，才能反映真正的水平，所以你要清楚和米桃之间的差距。"

爸爸也过来说："成绩还可以，但还不够。老师说了，米桃次次都是满分，你这样的成绩对人家来说根本不算什么。"

欢欢反驳道："米桃本来数学就好呀！我现在的成绩是一点一点努力提上去的。"

妈妈又说："米桃别的学科成绩也很好啊。刚来你们班的时候，她的英语不是很好，但现在人家已经名列前茅了！你不要因为这一点小小的进步就骄傲。"

"我要是你，跟人家差这么多，还怎么好意思和人家做朋友！"欢欢妈抛下的这句话，狠狠地刺痛了欢欢的心。

心理分析

1. 欢欢和妈妈之间矛盾的焦点是什么？

2. 爸妈的比较让欢欢感受到了什么？她会如何看待此次的成绩进步？

3. 如果爸爸妈妈继续用这种方式对待欢欢，结果可能是什么？

场景B

菲菲在一次数学考试中提高了10分。

妈妈高兴地说："哇，菲菲你这次考试成绩提高了10分！妈妈为你的进步感到高兴！"

听到妈妈的夸奖，菲菲却高兴不起来："这次米桃又考了满分，我什么时候能追上她啊？"

妈妈摸了摸菲菲的头，说："咱不和别人比，只和自己比。"

菲菲疑惑地抬起头，问："只和自己比吗？"

妈妈亲切地说："是啊，你这次比上次进步了，就说明你比昨天的自己有了提高，而且以后会越来越优秀！"

妈妈的话让菲菲眼前一亮，坚定地点点头，说："我会继续努力的！"

心 理 分 析

1. 为什么菲菲成绩进步却不开心呢？

2. 妈妈纠正了菲菲和别人的比较，让菲菲感受到了什么？她会如何看待此次的成绩进步？

3. 如果妈妈继续用这种方式对待菲菲，结果可能是什么？

专家课堂

比起"要不要去比较"，我们更应该思考的是"怎么去比较"。家长应做到让孩子在"比较"中成长而不是在"比较"中退缩。

首先，和别人家的孩子比，不如多和自己比。

一味地拿别人家的孩子和自己的孩子比较，不仅难以起到激励的作用，还会对孩子的自尊心、上进心造成伤害，甚至会影响孩子对父母的信任。所以，父母应该让孩子"和自己比"，而不是"和别人比"。例如，拿孩子这次的考试成绩和上次的成绩进行比较，拿孩子的优点和缺点进行比较。对孩子好的方面给予赞许，不足之处则可以引导孩子进行改变。同时，父母也要尊重差异，孩子之间都是不同的，即使是双胞胎也会存在差异。当孩子进步很慢时，父母也尽量不要给孩子施加来自"别人家的孩子"的压力，因为当孩子意识到自己的短板，家长也予以否认时，会加剧孩子的挫折感。

？思考

孩子的成长过程中经常有"别人家的孩子"的存在，家长本想用比较来激励孩子，正向的作用没起到，反而产生了很多负面影响，这给家长们的启示是什么？

其次，"比较"的不是结果，而是过程。

比起"要不要去比较"，更应该思考"怎么去比较"。错误的"比较"是比较"结果"，比如，孩子们之间的成绩，或者某个任务完成的情况等。而有意义的"比较"，更应该对比的是"过程"。很多时候，我们去复盘别的孩子呈现的"优秀"结果，会发现有很多"隐形"的品质在影响着这个结果，比如孩子做事的态度、耐力、逻辑分析能力、抗挫能力等等，而这些品质离不开家长润物细无声的影响和引导。当我们能从这些维度去进行比较时，"比较"才拥有了它真正的意义。

? 思考

> 很多家长习惯于比较孩子之间的"结果"，表面上看是想通过比较激励自己的孩子进步，但这样做对孩子学习能力的发展会有什么不良影响呢？

最后，觉察自己的焦虑。

如果家长经常拿"别人家的孩子"与自己的孩子比较，可能并不是孩子做得不够好，而是源于家长自身的焦虑。焦虑是对未来不确定性的恐惧，家长担忧孩子的未来，比如担心孩子学习不好，上不了好大学，找不到好工作，将来面临激烈的竞争。家长的这种不安全感，加上对孩子缺乏准确认知，很容易盲目从众，也会盲目比较。一方面，家长担心自己做出与大多数人不同的决定会面临压力，所以为了减少因自己选择失败带来的愧疚感而选择从众；另一方面，家长越比较越觉得孩子不如别人，害怕被"别人家的孩子"落下而陷入更多的比较。

要走出"别人家的孩子"的怪圈，家长要清醒地认识到：自己焦虑的原因是对孩子和自己都缺少认知，缺少信心。之后再从内在、从自身去发现、肯定自己和孩子的价值，通过不断学习和实践，以更多的信心和勇气去面对孩子成长中的各种挑战。当家长对自己有了更多的信心，相信自己可以做到，也就相信孩子同样能做到。

思考

　　为什么有的家长明知这样的比较无益，却又总控制不住地拿自己的孩子与别人的孩子做对比呢？

练一练

　　1. 为实现让孩子在"比较"中成长而不是退缩，家长需要做出什么样的改变？

　　2. 列出孩子的十条优点，并举出相应的事例来说明。

6

我再也不碰钢琴了

短镜头

　　"双减"之后，家长们不再让孩子往学科培训班跑了，开始更多地让孩子去参加体育、音乐、美术等培训，最终这些都会落入一个点——考级。很多家长表示："学钢琴，以后不一定能当钢琴家，但总不能白学一场啊。"抱着这种想法，考级就成了很多家长"看得见摸得着"的追求。

家庭故事

场景A

　　为了塑造朵朵的"淑女"形象，妈妈给她报了钢琴班。因为练琴的事情，妈妈没少和朵朵怄气。朵朵觉得来自练琴、考级和文化课学习的负担太重了，不想学钢琴了。这天，妈妈正要送朵朵去钢琴班。

　　妈妈催促着说："快点快点，一会迟到了，你磨蹭啥呢！"

　　朵朵支支吾吾地说："我不想去练琴了……"

　　妈妈吃惊地说："能不能不说不练琴的事情？都坚持了这么多年，

034

花了这么多钱，你现在说不练就不练，不可能！"

朵朵委屈地说："可是我最近感觉好烦，学习跟不上，不想浪费时间在钢琴上了！"

妈妈指责道："学习跟不上，是你上课不好好听，和练琴有什么关系？我告诉你，这马上就要考钢琴十级了，你学也得学，不学也得学！"

朵朵知道拗不过妈妈，只好跟着妈妈去练琴，心里却暗暗地想：等考完十级，我再也不碰钢琴了！

心理分析

1. 为什么朵朵决心考完十级之后再也不碰钢琴了？

2. 朵朵不想学琴了，妈妈是怎么做的？学琴考级是妈妈的需要还是朵朵的需要？

3. 妈妈的做法对孩子兴趣的培养起到了什么作用？如果妈妈知道了朵朵的心思，她是否会继续逼迫孩子练琴呢？

场景B

为了塑造娇娇的"淑女"形象，妈妈给她报了钢琴班。因为练琴的事情，妈妈没少和娇娇怄气。娇娇觉得来自练琴、考级和文化课学习的负担太重了，不想学钢琴了。妈妈觉得应该找个时间和女儿谈谈了。

妈妈真诚地说："宝贝，你能告诉我，学了这么多年的琴，受了这么多苦，为什么说不学就不学了呢？"

娇娇支支吾吾地回答："我觉得学琴太累了……"

妈妈表示理解地说："可是只要再坚持一年你就可以考十级了，妈妈觉得不学太可惜了。"

娇娇鼓起勇气说："其实，这么多年一直在练琴、考级，钢琴已经给我带来了很大的压力，我不想学……"

妈妈心疼道："好孩子，谢谢你告诉妈妈真实的感受。妈妈尊重你的选择。"

娇娇笑了："谢谢妈妈！我想，以后钢琴能真正成为一个让我休闲的乐器，我还是很感谢之前的坚持，让我现在能弹奏出优美的曲子。"

妈妈欣慰地说："好，妈妈支持你！"

心理分析

1. 娇娇为什么不想继续学琴了呢？

2.面对娇娇的放弃，妈妈的态度是怎样的？

3.妈妈的这种做法对孩子兴趣的培养起到了什么作用？

专家课堂

弹琴、跳舞、画画等本该是孩子们的兴趣爱好，可是，当家长拉着孩子奔走在考级的道路上时，"爱好"也慢慢地成了孩子的"厌恶对象"。我们需要反思，兴趣培养的目的到底是什么呢？

首先，孩子的需要还是家长的需要？

为了让孩子有一技之长，为了不让孩子输在起跑线上，为了升学加分……许多家长在孩子很小的时候就会替孩子"物色"兴趣班。再看看孩子，可能最开始接触钢琴，孩子是真的喜欢，但枯燥乏味的练习，鸡飞狗跳的亲子战争，让最初的那一点点对音乐的热爱消耗殆尽，甚至产生苦大仇深的痛恨。当本来轻松怡情的"兴趣爱好"，承载了家长孤注一掷的重视和沉甸甸的期待，兴趣特长也随之变成了孩子的厌恶对象。我们需要反思，兴趣爱好的培养，到底是孩子的需要还是家长的需要？家长让孩子参加兴趣班的初衷是什么？随着时间、金钱、精力的投入，家长会不自觉地希望学琴有所回报，拿到看得见摸得着的奖项和证书，当家长对兴趣的功利心大于兴趣本身时，是否应该停下来问问孩子的感受，把选择权交给孩子。

?思考

为什么很多孩子在兴趣培养上表现出痛苦和无奈？家长的威逼利诱与孩子的厌烦之间有什么关系？

其次，把兴趣坚持到底的秘密是什么？

兴趣班，报名容易，坚持难。孩子的美术、钢琴、武术都只学了一点皮毛，三分钟热度过后就半途而废，而家长也常常用"懒""笨"这样的词来指责孩子。可是，"兴趣是最好的老师"，这句耳熟能详的话，也能在兴趣班的学习上得到验证。咬牙强撑，很难走得很远。能长期坚持并且取得成就的人，一定有热爱的加持。

《小小少年》中，那个云南的9岁女孩，在磨刀霍霍、血污满满、人声鼎沸的猪肉摊后，心无旁骛、独自起舞、陶醉其中。热爱让她坚持，而来自父母的支持，让她找到了更强的驱动力。目不识丁的妈妈甚至不懂芭蕾是什么，但她愿意尽自己所能，去帮助女儿："只要她喜欢，大人就得帮帮她。"家长需要引导孩子找到自己真正热爱的东西，面对孩子的兴趣爱好，家长要做的就是顺其自然，而这其实是竭尽所能之后的不强求，而非两手一摊的不作为。

?思考

对于孩子的爱好，娇娇的父母支持而不强求，让孩子拥有内在的强大驱动力；案例中朵朵妈对于朵朵的要求，使朵朵失去了对钢琴的热爱。这给家长带来的启示是什么？

最后，帮助孩子平衡好学习与爱好。

兴趣爱好需要尊重孩子自身的意愿。当孩子的学习受到影响时，需要中断还是继续发展兴趣爱好，不能全凭家长的一厢情愿，要聆听孩子的想法和打算，为孩子分析现状，并帮孩子树立信心。尊重孩子的想法，孩子才会尊重你并且聆听你的意见。家长要引导孩子科学地安排时间，实现学习和兴趣爱好的相互促进。

思考

平衡好孩子的学习和爱好，家长在其中需要发挥什么样的作用？

练一练

1. 你给孩子选择的兴趣班有哪些？孩子最终坚持下来的是什么？

2. 和孩子做一次交流，觉察目前的兴趣爱好培养对孩子及亲子关系的影响是怎样的？

7

不买手机，我就不上学

短镜头

"不买手机，我就不上学！"这句话是好多孩子和家长谈判时的"通用话语"。家长们似乎也都陷入了两难的抉择：买吧，担心孩子玩手机影响学习；不买吧，又害怕孩子真的不上学了。当孩子祭出"不上学"的"杀手锏"时，买，还是不买，都让很多家长倍感头疼。

家庭故事

场景A

明明对妈妈说："妈妈，给我买个智能手机吧！"

妈妈问："你才上七年级，买手机干吗？"

明明说："我可以利用手机查找资料。"

妈妈反驳道："想查资料，用我的手机就行，不能给你买手机。"

明明生气地说："不行，我就要手机，你就得给我买！同学们都有自己的手机。"

妈妈大叫："说不行就不行！"

明明气呼呼地说："不给买是吧？那好，明天我就不去上学了！"

妈妈也很生气："不上学，也不给你买！"

结果，明明第二天真的就不上学了，任凭妈妈如何劝说也无动于衷。

妈妈哀求道："给你买手机，你去上学好不好？"

明明面无表情地说："你现在就带我去买手机！"

妈妈无奈地叹了一口气。

心理分析

1. 明明和妈妈的冲突的焦点是什么？

2. "不买手机，我就不上学。"妈妈用了哪些方法和明明周旋？效果为什么不好？

3. 为了让家长给自己买手机，明明表现出强硬的态度。妈妈的处理方式有什么需要调整的地方？

场景B

平平说："妈妈，给我买个智能手机吧！"

妈妈问："哦，为什么今天想要买手机呢？"

平平支支吾吾地说："我……想用手机查找资料。"

妈妈说："你可以用妈妈的手机查资料呀。"

平平生气地说："不行，我就要嘛！不买手机，我就不去上学了！"

妈妈好奇地问："孩子，买不买手机和上不上学有什么关系呢？"

平平固执地说："不给买，我就不上学了！"

妈妈坚定地说："如果你真的需要手机，妈妈有这个能力，也会给你买，你不必用不上学来和妈妈讲条件。"

平平委屈道："可我真的很想要一个手机。"

妈妈说："那这样吧，我们来想想办法，既能让你有一个手机，也能打消妈妈对你不能合理使用手机的担心。"

平平想了想，说："手机，我有使用权，妈妈有监管权。早上我去上学，回家完成学习任务后，我可以自由使用手机，可以吗？"

妈妈说："这听起来不错。不过，关于手机使用的具体细则，我们还需要讨论讨论。"

平平愉快地笑了。

心理分析

1. 平平和妈妈的冲突的焦点是什么？

2. "不买手机，我就不上学。"妈妈用了哪些方法和平平周旋？效果怎样？

3. 为了让家长给自己买手机，平平一开始的表现很强硬。妈妈的处理方式有什么值得借鉴的地方？

专家课堂

不买手机就不上学，不买球鞋就不上学，不让出去玩就不上学……生活中的家常事，不经意间都会成为亲子冲突的焦点。问题的关键不在于买不买手机，而在于亲子双方是否有信任、合作的思维和态度。

首先，要明确问题的实质。

不买手机，就不上学。当上学成为孩子拿捏家长的利器，我们就要清楚，即使买了手机，孩子也不会好好学习，纠缠在这一方面，亲子只会走向更深的对抗。所以，家长要认识到，问题的根本不是买不买手机，而是孩子如何看待自己的想法不能实现，如何处理想法遇阻时的消极情绪，以及深陷消极情绪时如何牢记人生使命。

在关于买不买手机的冲突中，真实的问题是什么？是保证孩子一定要去上学，进而取得好成绩吗？虽然这个问题是家长高度重视的，却不是问题的本质所在。家长需要跳出"买不买"的陷阱，和孩子就人生目标达成共识：爸爸妈妈理解你对拥有手机的渴望，只是手机不是人生的根本，也不是人生的全部。尤其要思考，可能爸爸妈妈只是60分的家长，不能满足你所有的愿望。当自己的愿望无法实现时，你该怎么做？家长们一定不要和孩子站在对立面，要想真正地解决问题，我们应该和孩子目标一致，成为合作伙伴。

？思考

我们应该如何与孩子合作，共同解决手机问题？

其次，要看到孩子买手机背后的心理需求。

手机与游戏到底有什么神奇的魔力，让孩子们冒着被责备与处罚的风险而沉迷其中呢？只有读懂其背后的心理需求，才能从根本上解决问题。所有行为背后都有动机，所有的动机背后都有心理需求，所以了解心理需求至为重要。从根源上解决问题，才会事半功倍。

怎样教会孩子合理利用手机呢？首先，我们要知道，一个孩子沉溺于虚拟世界，是因为他会在其中轻松获得心理上的六大需求：成就感和价值感，自主权和掌控感，试错的勇气，人际关系，心理的营养以及情绪的宣泄。一个孩子会到网络中去寻找这些心理需求，说明他在生活中缺失这些东西。孩子在现实生活中缺乏价值感与成就感，如果父母无法给予，他们的需求和迷恋会越来越强烈，这类孩子会越缺乏自信，甚至会自卑，逃避是他们的"最佳选择"。这六大需求，也正是孩子在成长过程中的必备需求，如同一个饥饿的人，你不能给他食物，他只能自己去找。作为家长，当发现孩子总是手机成瘾、游戏成瘾时，不妨从心理层面去考察一下，在教养过程中是否忽略了孩子，是否没有给孩子足够的爱。读懂孩子手机背后的心理需求，有利于科学引导孩子。

? 思考

孩子迷恋手机背后的心理需要可能有哪些？你怎样引导孩子看到自己的这些需要？

最后，不将玩手机作为奖励手段。

"不买手机我就不上学了"，这样的要挟为何会拿捏住家长的命门？因为，不少家长就是这样做的："你再做几道数学题，我就多给你玩半个小时的手机""期末考试考好了，假期里你可以自由使用手机"……这样手机的诱惑似乎很有效果，但其背后的逻辑是错误的。如果将玩手机作为奖励的话，就等于告诉孩子玩手机不但是好事，还是只有做得好的时候才能得到。一旦孩子将这个逻辑反过来作用于家长身上时，家长想拒绝也无法自圆其说，还会造成亲子之间的不信任。家长需要明确立场，不把玩手机和学习挂钩，不用玩手机来奖励孩子，也不能用禁止使用手机来惩罚孩子，把手机当成一个平常的电子产品，不赋予其特殊的意义，孩子就不会执着于用手机来满足自己的需要。

? 思考

把手机当作奖励，对于孩子的成长有什么隐患？

当然，生活是丰富多彩的，不是仅仅通过手机才能看到外面的世界。家长要合理地安排时间，陪伴孩子去开阔自己的眼界，鼓励孩子看到更多的美好，这样才能让孩子放下手机，愿意走出家门，感受生活中更多的乐趣。

练一练

1. 如果孩子用"不买手机，我就不上学"来要挟你，你会怎么做？

2. 手机的存在，对孩子和家庭有哪些影响？

实现不了的"手机约定"

短镜头

很多孩子拿起手机就放不下，家长也意识到禁止孩子玩手机是无用的，只能让孩子与手机和平相处，于是就和孩子用口头或书面的方式签订手机使用协议。可是，孩子坚持不了几天就把约定抛之脑后，最后逼得大人又开始"围追堵截"，而孩子就跟家长斗智斗勇。怎样才能让"手机约定"发挥作用呢？

家庭故事

场景A

周六傍晚，丽丽想玩会儿手机。妈妈一听就有些不高兴，忍不住唠叨："你马上就升初三了呀，哪有时间玩手机？"

"孩子学习也挺累的，让她玩一会儿吧。"爸爸在旁边打圆场。

听到爸爸这么说，丽丽的眼睛里射出希望的光芒。

妈妈还没答应，爸爸就转身嘱咐丽丽："少玩会儿啊，咱早就说好了每天只能玩半小时，时间长了累着眼睛。"

"嗯，好的，好的。"丽丽答应着。

妈妈不情愿地把手机扔给了丽丽："你就这么惯着她吧。"妈妈瞪了爸爸一眼。

半小时很快过去了，妈妈问丽丽要手机，丽丽头也不抬地说："等一下。"

妈妈不高兴地说："你刚才说半小时！赶紧把手机拿过来！"

丽丽嘴里答应着，但还是抱着手机不放。

妈妈厉声道："说话不算数，以后我再也不敢相信你了！"

丽丽也不甘示弱："爱信不信！反正你从来没信过我。"

妈妈转身呵斥爸爸："你赶紧去给我把手机要回来，刚才要不是你，我也不会给她手机。"

爸爸也很委屈，两人就此吵了起来。

心理分析

1.丽丽和妈妈对待"手机约定"分别持什么态度？

2.妈妈是如何对待丽丽"到点不交手机"的问题的？妈妈的做法能够帮助丽丽遵守"手机约定"吗？

3. 丽丽没有按照约定时间交上手机，妈妈和爸爸吵了起来。你怎么看待妈妈的做法？

场景B

周六傍晚，菲菲想玩会儿手机。妈妈一听就有些担心，忍不住唠叨："你马上就升初三了，还心心念念你的手机呢。"

"玩会儿手机放松放松，劳逸结合嘛！"菲菲撒娇地抱着妈妈。

妈妈一边去拿手机，一边嘱咐菲菲："别忘了我们的君子之约，每天只能玩半小时哦。"

"嗯，好的，好的。"菲菲答应着。

半小时很快过去了，妈妈问菲菲要手机，菲菲头也不抬地说："等一下。"

妈妈一看菲菲太投入了，走过去，轻轻地用自己的手挡住了手机屏幕。

菲菲大喊一声："哎呀，干什么？吓我一跳。"

妈妈认真地问菲菲："你刚说等一下，要等多长时间？"

菲菲不假思索地说等五分钟，又埋下头去。妈妈用一只手亲昵地抬起菲菲的下巴："你难道不想等十分钟吗？"

菲菲大笑："天哪，老妈什么时候变得这么开明了？"

妈妈乐呵呵地说："还不是被你逼的。到点儿记得给我哈。"

菲菲："那是必须的，我可不能坏了自己的规矩。"

心理分析

1. 菲菲在玩手机的这半个小时里，妈妈的心情会是怎样的？

2. 妈妈是如何对待菲菲"到点不交手机"这个问题的？

3. 妈妈的做法对菲菲下次遵守"手机约定"有没有帮助？

专家课堂

运用契约式沟通应对孩子的手机问题，尊重孩子使用手机的权利，同时也让孩子承担在约定时间交出手机的责任。这不仅能化解亲子之间不必要的纠纷，而且能培养孩子的契约精神。要使双方签订协议后乐于履行，家长还需注意以下三点。

首先，理性看待孩子在执行协议时的反复。

和孩子达成手机使用协议后，孩子获得了玩手机的自由。从孩子的角度来说，他们肯定是想遵守约定的，毕竟谁都喜欢当一个讲信用的人，尤其在使用手机的约定上，父母已经让步了。否则，如果他们率先违反约定，家长再把他们玩手机的权利剥夺了，孩子就更无话可说。但在让人沉迷的手机面前，孩子容易忘记时间和约定，最终导致超时。我们大人有时承诺了也未必能一直遵守，更别说孩子了。在执行协议这件事上，孩子有反复也是正常的。所以家长要有足够的耐心，允许孩子有一个适应和变化的过程，尽管这个过程可能会很曲折、很漫长，家长的信任会帮助孩子更快、更自主地达到期望的目标。

？思考

如何看待孩子不能遵守"手机约定"的现象？

其次，与孩子坦率沟通，增强信心。

当孩子没有遵守手机协议时，家长不妨找个时间与孩子坦率地沟通，帮助孩子重拾信心，在沟通的时候也有小技巧。一是积极赋义。在执行协议的过程中，让孩子知道自己是有进步的，而且家长也看到了孩子的进步，这会让孩子对于遵守协议更有信心。二是将错误一般化。面对手机使用超时等现象，家长需要告诉孩子这不是他一个人的问题，面对诱惑，每个人都可能失控，帮助孩子摆脱内疚感，重拾改变的信心。三是总结成功经验。帮助孩子总结执行协议过程中的成功经验，让孩子看到自己的力量，如"前几天妈妈观察到你都是按照协议执行的，你是怎么做到的呢？"

？思考

当孩子出现超时使用手机等问题时，家长的理解和信任对孩子有哪些影响？

最后，优化协议，寻找替代方式。

如果孩子很难执行手机使用协议，则说明我们需要和孩子重新审视并优化协议。家长可以主动询问孩子在执行时遇到了哪些困难，比如手机放在孩子那里会忍不住偷偷玩，则可以要求孩子把手机交由家长暂时保管。再者，手机使用协议需要详细具体，避免一些不必要的误解与矛盾，比如家长在孩子玩手机时不能到孩子身边，不能敲孩子的房门，家长也可以在约定时间5分钟前给孩子提醒等。

?思考

在签订手机使用协议和具体操作上，家长需要注意哪些细节，才能更好地保证孩子遵守？

练一练

1. 以往，你是如何指导孩子使用手机的？有什么成功经验？

2. 根据孩子的实际情况和以往经验，与孩子签订一份手机使用协议并执行。

压力下的觉醒

9

从小学升入初中

短镜头

"在小学的时候，孩子的成绩很好；一上初中，学习成绩就出现滑坡。怎么会这样呢？这该如何是好？"不少家长都有这样的疑惑：小学时名列前茅的孩子，为什么到了初中成绩就一落千丈呢？

家庭故事

场景A

毛毛拿到了初中生涯的第一次测验成绩，考得很不理想，小学时都是班级前5名的他，这次到了20多名，地理还不及格。毛毛心灰意冷，回家刚一开门，就受到了妈妈的一通指责——

妈妈生气地问："怎么回事？升入初中第一次考试就考成这样！你到底在学校学习了吗？"

毛毛委屈地说："怎么没学啊？可是初中的内容太难了，周围同学也好厉害，我觉得我自己太差劲了。"

妈妈瞪了毛毛一眼，说："难，大家都一样难！你要是不好好学，我看你初中怕是要废了！"

毛毛像霜打的茄子，迈着沉重的步伐回到房间。他也不知道自己怎么了，心里只有害怕和迷茫。

心 理 分 析

1. 毛毛妈遇到了什么问题？

2. 毛毛的成绩出现了较大滑坡，妈妈的应对方式是怎样的？

3. 妈妈对孩子进行的"教育"，对毛毛走出学习困难有帮助吗？为什么？

场景B

乐乐拿到了初中生涯的第一次测验成绩，考得很不理想，小学时都是班级前5名的她，这次到了20多名，地理还不及格。乐乐心灰意冷，回家刚一开门，妈妈就像往常一样热情地招呼她洗手吃饭。见妈妈一直不问成绩，乐乐心里按捺不住了。

乐乐小心翼翼地问："妈，我们这次考试成绩出来了，您知道了吗？"

妈妈淡然地说："知道了啊，你是不是觉得没考好，妈妈应该批评你了？"

乐乐点点头："我真的没想到会考成这个样子……"

妈妈笑着说："没关系，小学和初中的内容本来就有很大差距，妈妈不能要求你刚升入初中就一切都好，这都是需要你自己去探索的。比如这次考试我觉得就很有意义，它其实帮助你看到了进入初中应该朝什么地方努力。"

乐乐点点头，说："是的，就像地理，平时老师讲课也不会像小学一样带着我们一遍遍重复，很多都是要我自己理解的。"

妈妈点点头，仔细倾听着乐乐的诉说。饭后娘儿俩又对初中和小学不同的地方探讨了许久，对于如何投入初中的学习，乐乐心里逐渐明朗起来。

心 理 分 析

1. 乐乐妈遇到了什么问题？

2. 妈妈如何看待乐乐的考试成绩下滑？

3. 考后，妈妈和孩子进行了沟通，这对乐乐走出中学适应困难有帮助吗？为什么？

专家课堂

进入初中后，学习要求发生了很大变化。不少孩子出现学习跟不上、成绩波动等问题，孩子迷茫，家长焦虑……孩子对初中阶段的学习生活不适应，家长该如何帮助孩子度过"迷茫期"呢？

首先，认识到初中阶段与小学阶段学习的巨大差别。

小学的学习内容少、难度低，有的孩子主要靠死记硬背和重复训练就能拿到高分；进入初中后，语文、数学、英语学习内容难度增加，由直观的、感性的、零碎的知识点变成了更为完整、系统的知识体系，还增加了生物、地理、历史等学科，教学内容的变化不再仅仅停留在记忆知识点，更需要孩子运用知识的能力，因此成绩大幅下滑的孩子比较常见。

家长需要帮助孩子理清初中学科的特点，找到适合孩子的学习方法。理科类的学习重抽象思维，要在理解的基础上善于融会贯通；文科类的学习则重知识积累，要善于联系实际。只有把握各学科的特点，因"科"制宜，才能有的放矢地学好各门功课。同时，可以向班主任建议，在开学初由各科老师先传授学习方法；初一年级上学期期中考试结束后，召开一次学习经验交流会，邀请初二年级学习成绩优秀的学生来参加，让他们谈谈学习经验和学习方法。通过学习交流，让孩子找到适合自己的学习方法。

?思考

初中学业负担客观上大大增加了，这对于家长如何看待孩子学习成绩下降的现象有什么启示呢？

其次，不良习惯是成绩下滑的重要原因。

从小学到初中，学习环境发生了变化。然而孩子小学阶段上课注意力不集中、写作业粗心、做题速度慢等不良习惯仍然延续，这是不少孩子学习成绩大幅下滑的重要原因。小学阶段，有的家长属于保姆式陪伴学习，这样的孩子缺乏自主性。小学试卷量小，难度低，考试时间充足，家长要求孩子细心做，慢慢做，"慢"的习惯逐步养成了，到了初中，考试内容难度加大以及题量增加，让孩子难以适应。"慢"在初中的学习中成了绊脚石。

改变孩子做事"慢"、学习拖拉的毛病，需要强化孩子的时间观念。制订时间表时，家长一定要和孩子充分沟通，充分尊重孩子的意见。孩子在小学阶段，家长能借助现有知识水平帮助孩子解答疑惑，然而孩子升入初中后，有些家长水平有限，心有余而力不足，陷入想帮却帮不了的尴尬境地。家长最好的做法是：不要过多地参与孩子的学习，但要做好必要的提醒和关注。这样才是对孩子的正确陪伴。

? 思考

保姆式的陪伴并不能帮助孩子养成良好的学习习惯。为什么还有很多家长宁愿牺牲自己的时间去过度参与孩子的学习呢？

最后，要保持一颗平常心。

任何事物的发展都是前进性与曲折性的统一。如果孩子在升入初中后的考试没考好，在一定意义上也是一件好事，正如案例中乐乐妈妈说的那样，它会帮你看到进入初中后应该努力的方向。这并不是一个麻烦，而是一个成长的机会，当用成长的眼光去看待孩子面临的困难与问题时，我们的焦虑就会少很多。

?思考

当孩子成绩下降时，作为家长能保持一颗平常心吗？你会选择如何与孩子沟通？

练一练

1. 小学时成绩名列前茅，中学却一落千丈。作为家长，你如何认识孩子进入中学后的成绩变化？

2. 针对中学阶段各学科的特点和孩子的实际情况，家长与孩子一起研究、制订学习目标与计划。

▽ 10

"简单题"为什么不得分

🔭 短镜头

　　每次考试完，都有学生感慨：题目这么简单，真不知道考试的时候为什么会错那么多，成绩这么低！有些家长也很困惑：孩子看上去学习很努力，为什么分数还这么低？有时甚至连家长都看得懂的题目，孩子却时常稀里糊涂地做错。孩子这是怎么了？如此下去，怎么得了！

👥 家庭故事

场景A

　　不经意间，妈妈翻看豆豆的练习册，大吃一惊。

　　妈妈问："豆豆，这么简单的题，你怎么也做错了呢？"

　　豆豆看了看，不以为然地说："没事，都是简单题。只要我注意，下次肯定没问题。"

　　妈妈疑惑地问："儿子，那么多题目，应该不难呀，你都做错了。这……是为什么呀？"

豆豆说："那些都是简单题，做这些题就是浪费时间。我得集中精力攻克难题啊。"

妈妈犹豫了一下，说："可是，上次考试，你丢分最多的就是简单题啊！"

豆豆自信地说："放心吧，我心里有数！中考时就等我的好消息吧。"

妈妈本想再说点什么，可看着儿子自信的神情，又不知道说什么了。

结果，豆豆依旧不断地出现"简单题不得分"的现象。

心 理 分 析

1. 豆豆在考试中面临什么问题？

2. 豆豆是怎么对待"简单题不得分"的？妈妈与豆豆的对话，对孩子解决"简单题不得分"的问题是否有帮助？

3. 导致豆豆"简单题不得分"的原因可能是什么呢？

场景B

不经意间，妈妈翻看明明的数学练习册，大吃一惊。

妈妈问："明明，这么简单的题，你怎么也做错了呢？"

明明看了看，不以为然地说："没事，都是简单题。只要我注意，下次肯定没问题。"

妈妈说："哦，那你想一想，让你总出错的题，它真的是简单题吗？"

明明愣了一下，没有说话。

妈妈继续说："统计过吗？每次考试，因为简单题你丢了多少分呢？"

结果，统计发现：连续四次数学考试，每次仅"简单题"的丢分都在10分以上！明明慌了神："我竟然在简单题上丢了这么多分！我该怎么办呀？"

妈妈安慰道："好孩子，别着急。数学的简单题有状况，那咱一起看看问题到底出在哪里了。"

明明回答："好，我马上就做。"

妈妈笑了，说道："只要找到了出错的根源，改进起来就容易了，分数提高也会随之而来。"

明明摊开试卷，对照着课本，一边读一边陷入了深深的思考。

心理分析

1. 明明遇到了什么样的问题？

2. 明明是怎么对待"简单题不得分"的？妈妈与明明的对话，对孩子解决"简单题不得分"的问题是否有帮助？

3.明明对待"简单题"态度的前后变化，原因可能是什么？

专家课堂

　　孩子的学习日渐紧张，学习压力不断增大，"简单题"却不得分，让家长对孩子的学习有了更多的担心。那么，家长该怎样做，才能帮助孩子越过"简单题不得分"这道坎呢？

　　首先，"简单"之题并不简单。

　　仔细想来，让自己不得分的题目，还算"简单"吗？有些考生一看题目感觉很简单，就会急于下笔，虽然很快就得出了答案，却因为匆忙丢掉了不少分。也有些考生，做题时会觉得这道题目似曾相识，但印象并不深刻，有时候虽然做出来了，结果却以错误收场。面对基础性的题目，"久经沙场"的学生自然没有不得分的理由，但是"简单题"反而丢分多，这说明这些题目对很多学生来讲实际上并不简单。很多学生正是因为感觉"太简单了"，分数就从他们不屑的目光下悄悄溜走了，所以家长需要引导孩子意识到简单之题并不简单，重视是解决问题的第一步。

?思考

　　简单题却不得分，基础性题目成为不少孩子的"难题"。那么，简单题之"难"的本质是什么呢？

其次，找到"简单题不得分"的真正原因。

在学习过程中，不少孩子往往重视机械地记忆标准答案，或一味求快，看起来整天忙忙碌碌，每个知识点的学习却只是"蜻蜓点水"，缺乏对基础性知识的精细加工和准确掌握，他们常常感觉一看就会，其实离真正的理解和掌握还有距离。这种走马观花式的学习，使得不少孩子在表面的忙碌中不知不觉将学习变成了雾里看花，加之平时不追求正确率、学习习惯不好，没有检查审核的习惯，在考试中自然会漏洞百出。家长需要防止孩子存有"难题不会做，简单题不屑做"的心理，不要指望平时"简单题不得分"，一到大考就超水平发挥。

？思考

把简单题做错的原因一味归结于粗心、马虎，会给孩子的学习带来什么样的影响？

最后，看到"简单题不得分"的正面意义。

"简单题"得不了分，也给了孩子全面适应学习与考试的机会。抓住这个机会，要求孩子注意积累一点一滴的感悟，不要一味求"难"求"快"，踏实备战，适应与简单题的比赛，把重点放在抓基础上才是明智的选择。从这个意义上说，"简单题不得分"所引起的成绩波动甚至退步，正预示着将要到来的进步，家长要引导孩子坚定信心，正确对待成绩的起伏。以往，很多平时名不见经传的学生，却在考场的激烈厮杀中昂首挺胸，成为"黑马"，他们最后的胜利，明白无误地告诉人们什么是稳中求胜。暴露了问题，对症下药，才能使孩子不留下"简单题不得分"的遗憾。

思考

　　"简单题不得分"给孩子学习成长带来的正面意义有哪些？
你会如何与孩子交流这个问题？

练一练

　　1. 有的孩子遇到"简单题"丢分，心中就十分焦急，认为"我完
了"。父母应该如何引导这样的孩子端正对待"简单题"的态度？

　　2. 结合具体的题目，和孩子一起分析出错的"简单题"，找到原
因，制订改善计划。

给作业拖延"把把脉"

孩子写作业拖拉磨蹭，几乎成了当今亲子关系的"头号杀手"。很多家庭的晚上就是在"催催催"与"拖拖拖"的拉锯战中度过。然而催促与吼骂永远不会让孩子提速，只有找到"病灶"，"对症下药"才能治好孩子的"作业拖延症"。

家庭故事

场景A

东东是三代独苗，是爷爷奶奶宠爱的孙子，日子过得自由自在，除了学习，他基本什么都不用做。然而，现在他连作业都懒得写了。

东东放学一回家，把书包一扔，就准备看电视。

妈妈着急地提醒他："你放学不赶紧写作业，怎么一回家就看电视？"

东东解释道："我都累了一天了，就看30分钟休息一下。"

妈妈犹豫了一下答应了："那你休息一下赶紧去写作业。"

30分钟后，妈妈发现东东还在看电视，就忍不住吼道："都30分钟了，你怎么还不去写作业？"

东东说："妈妈，你给我订外卖吧！我吃完马上就去写作业。"

东东每次写作业都要附加各种条件，妈妈为了让东东写作业只好无奈地答应。等东东玩好吃好，又在妈妈的催促下终于向书桌走去。可坐在书桌前的东东还是磨磨唧唧地不好好写，因为总有东西能够吸引他的注意力。当妈妈发现他走神了，就吼一声提醒他……就这样在妈妈的吼式陪伴下，原本一个小时就能写完的作业，东东磨磨蹭蹭到深夜才收工，早上顶着一副"熊猫眼"去上学。

心理分析

1. 东东和妈妈面临的问题分别是什么？

2. 妈妈为帮助东东按时完成作业采取的措施是什么？妈妈付出了这么多，为什么没有解决东东作业拖延的问题？

3. 你认为是什么原因造成了东东写作业拖延？

场景B

阳阳是三代独苗，是爷爷奶奶宠爱的孙子，日子过得自由自在，除了学习，他几乎什么都不用做。然而，现在他连作业都懒得写了。

阳阳放学一回家，把书包一扔，就准备看电视。

妈妈见了，说道："阳阳，妈妈今晚给你做红烧排骨，你先休息一下，一会儿吃饭。"

阳阳疑惑地问："你今天怎么不催我写作业了？"

妈妈笑着说："你不整天说上学累吗，妈妈觉得放学后确实需要先休息休息。"

阳阳忧愁地说："可我休息好了，还是不想写作业，感觉写作业对我来说是个大难题，面对这么多的作业不知道该怎么合理安排，所以就一直拖。"

妈妈认真地听着，然后说："原来是这样，妈妈有一个方法可以帮你学会合理安排自己的学习。"

阳阳兴奋地问："是什么？"

妈妈说："做家务，通过简单家务的锻炼，可以习得合理安排时间的能力，从而迁移到你的学习中。"

阳阳两眼放光，说："妈妈，快让我做家务吧。"

阳阳把自己的卧室彻底打扫了一遍。

做完家务，阳阳心里却打起了小算盘，说："妈妈，我做完家务了，你看我这么累，你给我买双新鞋吧，买完我马上去写作业！"

妈妈微笑着说："阳阳，如果你需要鞋子，妈妈一定会给你买，但现在你不需要鞋，做家务、写作业都是你自己的事情，抱歉妈妈不能答应你这个要求。"

阳阳无奈地说："那好吧，我去写作业了。"

妈妈说："去吧，你自己安排时间，妈妈也去忙自己的事情了。"

没有了妈妈的陪伴，阳阳反而早早地完成了作业。

心 理 分 析

　　1. 做家务和合理安排自己的学习时间有什么关系？

　　2. 妈妈是如何对待阳阳的拖延行为的？效果如何？

　　3. 妈妈的调整能否唤醒阳阳面对问题的主动性，从而解决作业拖延的问题呢？

专家课堂

　　写作业拖拉磨蹭的背后，是孩子对学习缺乏内在的兴趣和热情，缺乏学习自主性，家庭教育需要做出什么样的改变，才能唤起孩子的学习内驱力，提高学习自主性呢？

　　首先，提高学习的内在动机。

　　动机是由目标或对象引导、激发和维持个体活动的一种内在心理过程或内部动力。根据动机的来源可分为外在动机和内在动机。如果孩子是为了获得父母、老师的奖励或者避免责罚而学习，这是外部动机；如果孩子是意识到学习的意义而积极主动地学习，这是内部动机。外在动机具有见效快的特点，通常家长会用一些物质奖励来激发孩子学习，但是没有看到外在动机驱动下的学习是短时的和被动的。此外，孩子如果对学习缺乏内在的兴趣和热爱，即缺乏内在动机，一旦没有了奖励，或者孩子不再渴求奖励了，就很难有动力去学习。

❓思考

提高孩子的内部动力，家长可以在哪些方面做出努力？

其次，找到"病灶"，"对症下药"。

催促、吼骂永远不会让孩子提速，只有找到"病灶"，"对症下药"，才能治好孩子的作业拖延症。同是作业拖延，起因却不尽相同，因此需要结合孩子的生活习惯、家庭环境等因素深入分析。通常造成作业拖延的原因有：缺乏学习的内在动机，不能合理安排学习活动，注意力不集中，学习能力有缺陷等。

如果我们找不到真正的"病灶"，当孩子出现拖延时，家长简单的斥责和吼叫往往会适得其反。真正有效的方法是冷静地分析问题的根源，从容地和孩子一起面对，并对他的改变抱以积极的期待。

❓思考

家长通过日复一日的催促和斥责，企图帮助孩子战胜拖延的做法有效吗？这会对孩子造成什么影响？

最后，让孩子知道作业是成长的一部分。

很多孩子的学习几乎都是由老师、家长来推动的，他们机械地完成作业，为了做作业而做作业，并不明白自己要通过写作业达到什么学习目的。家长应告诉孩子，上学、读书、写作业是每一个人成长过程中都要经历的内容，并不是说拖延或者哭闹就可以不写作业，也可以让孩子知道，其实哥哥姐姐们在长大的过程中也是要写作业的。总之，无论孩子怎么抗拒、怎么拖延，作业总归是要写的，而且如果写得太马虎，还要重新写。此外，家长也要注意，并不是学习的时间越长、强度越高，学习成绩就越好；不是作业越多，孩子的学习效果就越好。家长要看到作业的意义，避免过重的负担打击孩子学习的积极性，导致孩子产生故意磨蹭的行为。许多孩子的作业拖延，就是为了避免家长在他写完作业后安排多余的任务。因此，在孩子完成校内作业后，家长应该给予表扬和鼓励，而不要给孩子超额布置其他任务。

？思考

家长如何帮助孩子理解写作业的意义？

练一练

1. 你认为孩子作业拖延的本质原因是什么？

2. 思考孩子拖延背后可能的实质性原因，根据"病灶"，制订科学有效的战胜拖延的计划。

考试之后

短镜头

　　孩子上学后，父母对孩子有了更多的担忧。孩子考试成绩的起起伏伏，在不少家长的心里不啻一场海啸。一提孩子的考试成绩，可谓几家欢乐几家愁。

家庭故事

场景A

　　冬冬刚进门，爸爸的手就伸到他面前，说："拿过来。"

　　"拿什么？"冬冬不解。

　　"少给我揣着明白装糊涂，今天的数学测试，满分的名单里又没有你，我看看你到底考得怎么样。"爸爸火气不小。

　　冬冬有些底气不足："满分的同学才几个，大部分同学都有错题……"

　　爸爸更加生气道："你比人家少鼻子少眼睛了，还是比人家少吃饭了？为什么人家得满分你就不能？大部分同学有错题，你做错题就有理由了？小明上次没有全对，这次全对了，你怎么看不到？快点把试卷给我拿出来！"爸爸几乎是咆哮了。

看着实在逃脱不了，冬冬只好从书包里掏出试卷。爸爸一把夺过去，前前后后看了看，一把拍在桌上："不光不能全对，还错这么多，每道题给我改五遍，不改完什么也不许做！"说完气呼呼地抓起手机看起来，留下愁眉苦脸的冬冬面对着试卷发呆。

心理分析

1.冬冬的爸爸遇到了什么样的问题？

2.冬冬的爸爸冲儿子大发脾气，对解决冬冬的错题问题有帮助吗？

3.冬冬没有得满分，此时，孩子最需要的可能是什么？家长怎么做才能真的帮到孩子？

场景B

晚饭后，小夏对爸爸说想出去玩一会儿。

爸爸说："哦。不过，老爸想和你谈谈，谈完了你想出去玩再出去行不行？"

小夏痛快地答应："行，谈什么呢？"

爸爸说："听说你们班数学测验了，你对这次测验有什么想法吗？"

小夏警觉地问："爸爸，你是不是觉得我考得不好？"

爸爸很平静："我想听听你的看法。"

小夏说："还是错了好几道题。可是，我也不愿意出错啊！"

爸爸说："出现错题，有谁是愿意做错的呢？咱们看看试卷吧。"

小夏拿出试卷，赶紧辩解："这几道题我会做，就是粗心错了。"

爸爸问："哦？都是粗心惹的祸吗？那我们该怎么办呢？"

小夏不好意思地说："要不，我还是读一下课本，看看书上是怎么说的……"

爸爸赞许地点了点头。

小夏赶紧拿出课本，认真地读了起来。过了一会儿，他给好朋友打电话，请他给自己讲讲测试中错的题目。

心理分析

1. 小夏的爸爸遇到了什么样的问题？

2. 小夏与爸爸对话后的表现，是不是你所期望的？

3. 预测一下，假如小夏以后的问题应对模式保持不变，他以后的学习和发展会是什么样子？

专家课堂

考试之后，可谓几家欢乐几家愁。无论孩子的成绩如何，有的家长能"处变不惊"，有的家长则是"喜怒形于色"。家长的第一反应，是其内心的真实写照。这又是孩子心理最敏感的时期，家长的态度对孩子能否从考试中得到真正地成长，影响很大。

首先，弄清考试的意义。

除了中考和高考这两次大考之外，孩子在整个学生生涯中要经历无数次大大小小的考试。平时的考试是检验孩子阶段性学习成果、发现学习中存在的问题、改进学习方式的一种手段。透过分数，可以看到孩子的付出、收获、不足与长处。此时，考试考的不是分数，而是无论遇到什么困难，都可以迎难而上，用平和积极的心态去面对的精神。

? 思考

因为孩子成绩不佳，有的家长就大发雷霆。请从考试意义的角度，给他们提点建议吧。

其次，要牢记教育的目的。

孩子考了50分，爸爸拍了拍孩子的头，说："你爷爷说，比我当年的分数还高了不少呢，比爸爸小时候强多了！"孩子难过地低着头，流着泪。爸爸说："没关系啊，这个分数不也是你经过努力获得的吗，下次会好起来的，我们一起加油！"不论孩子考试成绩如何都不要忘了，家庭教育的目的在于激励孩子，而不是打击孩子。转换一下自己的表达方式，让爱与温暖自然而然地流淌。孩子以后会经历无数次考试，家长的理解、支持和理性，才是孩子踏实前行的力量源泉。

?思考

　　故事中的爸爸给我们如何对待孩子的考试成绩做出了什么样的榜样？

　　再次，学会比较。

　　每次考试之后，不少家长都会关注别的孩子和自己孩子的成绩差异。关注别人孩子和自己孩子的成绩差异，应该是为了更好地帮助孩子认清不足，更好地向别人学习。这个时候，我们要引导孩子去观察、去对比、去反思别人是怎么做的，自己是怎么做的。自己有什么优势值得别人学习，别人身上又有哪些闪光点值得自己学习。这样的考试分析才能引导孩子走向自我成长之路。

?思考

　　现实中，不少家长会拿着别人孩子的成绩，来说自己孩子的事，以期给孩子树立榜样。你觉得，这个过程需要注意什么？

　　最后，欣赏孩子学习的过程。

　　一位家长这样说：对于孩子的考试成绩，我历来是不关注的。我很佩服儿子，看他写的作业、考的试卷，我都是带着一种欣赏的眼光。他写的数学卷子特别干净、整洁，我经常把这样的试卷当作书签。儿子喜欢阅读，写的文章既生动有趣，又充满了真情。所以，我不关注结果，只欣赏过程。我感受着儿子的成长给我带来的无限快乐。一个在非常宽松的环境中长大的孩子，一个充满了创造力的孩子所带给我们的精神享受是无法言表的。他无须家长的督促，他会自我教育，自我关注学习成绩。

思考

对孩子的关注，你更关注过程还是结果？可曾思考过，你的关注点会对孩子的成绩有着重要的影响？

练一练

1. 考试之后，不同家庭会上演不同的故事。表面上，剧情源于孩子的成绩变化，根本上可能源于家长不同的教育理念。对此，你的感受如何？不妨说一说。

2. 成绩是一个结果，了解成绩背后的原因才是解决孩子学习问题的根本。请列一个清单，写写家长该关注什么才更有利于孩子成绩的提升。

13

"一心学习"真无奈

短镜头

初中生面临着中考的选拔，家长往往特别关注孩子的学习问题。可是怎样才能让孩子学习好呢？其实很多家长也很困惑，于是只能让孩子"一心学习"，但是好像并没有达到家长所期望的效果。"一心学习"到底对不对呢？家长如何做，孩子才能学习好呢？

家庭故事

场景A

晚饭后，小风兴致勃勃地对妈妈说："学校要组织篮球赛。这次我们队一定要打败白虎队，一雪前耻，以后放学我们队在学校训练……"

没等小风说完，妈妈就催促道："别整这些没用的东西。赶快去做作业才是正事，你要是训练哪里有时间学习？不准去！"

小风不服气地说："烦不烦呀！整天就只知道学习！你就不能关心点别的呀？"

妈妈撇了一下嘴，说："别的能当分数用啊？你打篮球赛赢了就能上高中了吗？告诉你，中考少一分也考不上高中……"

小风觉得妈妈的观点不对，张张嘴，又不知道如何反驳，只好悻悻地"哼"了一声，然后慢吞吞地向书桌走去，心里盘算着怎样瞒着妈妈和队友"秘密"训练。

心理分析

1. 小风和妈妈的矛盾焦点是什么？

2. 小风妈妈不让他参加篮球赛的目的是什么？你觉得她能达到自己的目的吗？

3. 在妈妈"一心学习"的引导下，小风对学习的感觉会有什么样的变化？

场景B

晚饭后，小东兴致勃勃地对妈妈说："学校要组织篮球赛。这次我们队一定要打败白虎队，一雪前耻，以后放学我们队在学校训练……"

妈妈有些担忧地说："小东，我看你最近学习比较紧张，放学再去训练会不会太辛苦了？"

小东说:"妈妈,不会的,我喜欢打篮球,球场上的酣畅淋漓我也没觉着累。"

妈妈迟疑了一下说:"你现在学习任务本来就很重,我和你爸也担心打篮球会耽误你的学习……"

小东轻松地说:"谢谢妈妈,最近学习任务确实有点重,感觉脑子昏昏的了,去球场上跑两圈,感觉神清气爽!放心吧,妈妈,不会耽误学习的。"

听了小东的话,妈妈的神情慢慢从迟疑变得坚定,决定支持儿子参加学校篮球赛。妈妈的情绪变化感染了小东,他欢快地吹起了口哨,脸上露出了开心的笑容。

心理分析

1. 小东妈妈为什么不想让小东参加篮球赛?

2. 小东妈妈后来为什么又同意小东参加篮球赛?

3. 小东妈妈最后决定支持儿子的选择,这对小东的学习会有什么影响?

专家课堂

家长希望孩子"一心学习"考个好成绩，可是孩子想"一心多用"丰富生活，当家长的想法和孩子的选择（兴趣）起了冲突时，我们应该如何处理呢？

首先，要懂得学习的真正含义。

时代变了，许多家长对学习的理解依然停留在"考试分数"上。对"一心学习"的服从和跟随导致不少孩子失去个性和创造性，甚至也不知道"一心学习"是为了什么。家长需要静下心来思考学习的意义和价值，要知道学习不仅仅是为了获得具体的知识、考入更好的学校，更重要的是可以帮助我们每个人发现自己新的可能性、发现事物新的可能性、发现生活新的可能性，从而丰富我们的人生体验，提高我们的生命质量。当孩子体会到"原来我可以更好"的美妙感觉时，学习对他来说就不再是被迫的事，而是开阔眼界、拓展思路、创造未来的美妙旅程。

？思考

你认为学习的意义是什么？家长要如何引导孩子领悟学习的真谛？

其次，看到兴趣爱好的"隐性价值"。

当兴趣和学习发生冲突时，有的家长认为，兴趣是在浪费孩子的学习时间，不能为孩子的考试加分，可是他们也忽略了兴趣爱好给孩子带来的"隐性价值"。例如，孩子对自己感兴趣的事情会全身心投入，也愿意努力克服困难，正如案例中的小东一样，做自己喜欢的事情有助于缓解学习压力；孩子在感兴趣的方面表现优秀，有助于获得成就感，增强自信心；发展兴趣的过程中有更多的机会接触同龄人，建立友谊，发展良好的人际关系等。这些都是"一心学习"所不能带来的。

?思考

"一心学习"并不能带来一个全面发展、身心健康的孩子，这对你的教育有什么启示？

最后，帮助孩子看到学习成绩以外的可能性。

如果家长只关心孩子的考试成绩，会让一些学习暂时有困难的孩子陷入深深的自卑与无助，也让孩子失去友谊、乐趣、实践、休闲等生活中的丰富色彩。家长需要让孩子看到自己更多可能的发展空间，比如从孩子感兴趣、擅长的领域去考虑，不但可以增加孩子学习的自信和动力，还可以让孩子找到属于自己独特的发展方向。未来发展方向明确了，对学习动机的引导、激活作用是巨大的，孩子会为适合自己的梦想而努力，迸发出源源不断的内在动力。

?思考

在引导孩子看到未来发展的更多可能性方面，你是如何做的呢？

练一练

1. 要求孩子"一心学习"，可能给孩子的发展带来哪些复杂影响？

2. 其实"一心学习"没有错，只是除了分数，学习还包含哪些更丰富的内容？请和孩子聊一聊。

14

上学，没意思

短镜头

　　学习内容越来越多，学习难度越来越大，学习负担越来越重……不少孩子发出"学习真没意思"的感慨，有的不想上学，有的就算来到学校心思也不在学习上，上学也成了很多孩子的"苦差事"。

家庭故事

场景A

　　亮亮早上经常不想起床去上学，放学回家就"生龙活虎"，看电视、玩手机，就是不写作业。

　　妈妈催促道："赶紧给我去写作业，天天就知道玩！"

　　亮亮百无聊赖地打着游戏："你就知道学习学习，学习才没意思呢，我为什么要学习？"

　　妈妈着急地说："你不好好学习，将来怎么考大学？考不上大学怎么办？我当年就是没有机会好好学习，你现在这么好的条件也不知道珍惜！"

亮亮不屑一顾地道："现在上学就整天做题做题，特别没意思，而且我现在学的东西，以后工作也用不着，我还学它们干什么呢！再说了，你没有上大学，现在和我爸不也是过得好好的吗？"

妈妈一时语塞，不知道该如何回答。

心理分析

1. 亮亮为什么觉得学习没有意思？

2. 面对亮亮的学习状态，妈妈找了什么理由来劝说？这样的劝说为什么没有效果？

3. 亮亮觉得学习没有用，这与妈妈的教育观念有没有关系？

场景B

萍萍早上经常不想起床去上学，放学回家就"生龙活虎"，看电视、玩手机，就是不写作业。

妈妈走过来坐到萍萍身边："萍萍，看你笑得这么开心，是不是这局游戏又打赢啦？"

萍萍骄傲地说："那是当然，我现在都是'王者'了，厉害吧！"

妈妈问："那'王者'小朋友打算什么时候去学习啊？"

萍萍道："妈，你能不提学习吗？真扫兴！学习多没意思啊！"

妈妈说："我记得你小时候挺喜欢学习的，回来就和我分享你在学校发生的有趣的事情。"

萍萍低下头："那时候的内容多简单，现在的内容我都学不会……"

妈妈拍着萍萍的肩膀说："看来咱萍萍不是不想学，只是学习遇到了困难。"

萍萍点点头。

妈妈安慰道："别担心，要把不会的内容学懂，我们一起来看看需要做出什么样的改变。"

萍萍有些迟疑，不过又坚定地点了点头。

心理分析

1. 萍萍为什么觉得学习没有意思？

2. 萍萍玩起游戏兴高采烈，她想用自己对游戏的痴迷表达什么？

3. 面对萍萍的学习状态，妈妈的应对方式是什么？这样的方式会不会帮助孩子重拾对学习的兴趣？

专家课堂

　　家长都希望孩子学有所成，为了让孩子学习好也付出了很多，为什么孩子还是觉得学习没有意思呢？作为家长，在为孩子感到焦虑的时候，也要引导孩子看到学习的价值和意义。

　　首先，透过现象看本质，将问题具体化。

　　孩子说"我不想去上学"时，许多家长的第一反应就是："那怎么行？学生的任务就是上学，你怎么可以不去上学？"然后劝着哄着好歹把孩子送进了学校，孩子不情不愿，大人精疲力竭。孩子不上学，似乎一下子掐住了家长的命门。此时家长往往急于给孩子下结论，给人给事定性，比如，孩子就是懒、不上进或者不听话等等，这其实是一种非常粗糙的处理方式。当家长被情绪蒙蔽了双眼后，就无法看清孩子不想上学这一问题的本质，问题也不会得到解决。

　　家长可以试着先放下评判，多听听、多看看、多问问。比如可以问孩子这些问题：是从什么时候开始不想去上学的？是不是和某位老师关系不好？是不是和同学闹别扭？是否有霸凌问题？是不是课程对你来说有难度，跟不上进度？还是觉得学习没意思，缺少学习动力？……接下来，每一个问题还可以再细化，越细越能清晰地找到问题所在。

？思考

　　当孩子不想上学时，你有没有过度反应的时候？我们如何将问题具体化，帮助孩子看到学习的意义？

其次，引导孩子将学习与现实生活建立联系，激发学习兴趣。

学习兴趣是促使孩子主动探索知识、加强自主学习的内在力量。有很多学生就像案例中的亮亮那样，觉得学习本身是一件没有意思、没有价值的事情，因此学习兴趣不高。当孩子对学习产生厌烦情绪时，可以引导孩子将学习与现实生活建立联系。比如，全家计划去西双版纳旅游，可以引导孩子联想地理课上学到的知识，计划去西双版纳要穿什么衣服、去哪些景点、吃当地什么美食等，让孩子将地理知识与实际生活相联系，活学活用，知道知识来源于生活也可以用于生活，从而激发并保持孩子对学习的热情。

？思考

兴趣是最好的老师，作为父母，你在日常生活中是怎样引导孩子将学习与生活建立联系的呢？

最后，多角度看待孩子，不以成绩论英雄。

"多一把尺子就多一批好学生。"每个孩子都有各自的优点和发展节奏，想要让孩子建立学习的信心，家长需要从多角度看待孩子。很多家长只会用考试成绩来评价孩子。但是，除了学习成绩，还有更多值得关注的地方，例如，学习习惯、兴趣爱好、积极向上的情绪状态等等。家长可以尝试从不同的角度出发，多鼓励、表扬孩子。也许短期内孩子某一学科的成绩不一定有太大提高，但如果孩子回家主动写作业了，遇到难题自己思考解决方法了，家长就要及时表扬，让孩子知道原来自己在某些方面也有进步，也很优秀，从而体验到成功带来的满足感，逐步建立起对学习的信心。

? 思考

　　当孩子在学习上遇到困难时，家长一味关注成绩只会让孩子对学习失去信心。这对家长有什么启示呢？

练一练

　　1. 假如有一天，你的孩子明确表达"学习没有意思"时，你会怎么做？

　　2. 有的孩子尽管每天去上学读书，但在内心并不是真正喜欢学习。家长应该注意什么，才能保护孩子对学习的兴趣？

15

家有中考生

短镜头

临近中考，家长们总是小心翼翼，生怕一句无心的话、一个无意的举动，就触发了孩子情绪爆发的按钮。孩子怎么了，让家长说也说不得？家有中考生，家长可以做些什么呢？

家庭故事

场景A

夜深了，小雪的房间还亮着灯。妈妈走进来看见她还在学习，有些心疼。

妈妈嗔怪道："都几点了还不睡觉？写个作业拖拖拉拉！喝杯牛奶补补脑子，营养跟不上还怎么学习？眼看就要中考了。"

小雪委屈地说："你眼里只有学习、考试、分数，就没有别的事了吗？"

妈妈不解地问："可是不谈分数怎么考重点高中？以后怎么上个好大学？……"

小雪不耐烦地说："重点高中、重点高中，整天重点高中，不要再给我送牛奶了，我笨，喝什么都没有用！"

说罢，小雪把妈妈推出房间并锁上门，只觉得好委屈好压抑，无助地趴在桌子上哭了起来。

心 理 分 析

1.临近中考，小雪怎么了？

2.妈妈送牛奶有没有错？是什么触发了小雪情绪暴发的开关？

3. 如果以后妈妈依然这样对待小雪，这对她的备考以及中考成绩可能有什么影响？

场景B

夜深了，小丽的房间还亮着灯。妈妈走进来看见小丽还在学习，有些心疼。

妈妈温柔地说："小丽，学到这么晚，太辛苦了，累了吧？"

小丽苦涩地说："马上考试了，感觉还有很多不会的，上次模考成绩也不理想，我得抓紧复习，要不然中考就完了！"

妈妈温柔地摸了摸小丽的头，说："可是，比起你的学习成绩，妈妈更关心你的身体。学了一晚上肯定累坏了吧，要不然妈妈给你做个小按摩，然后我们就喝上一杯热乎乎的牛奶助眠，美美地睡上一觉，好吗？"

小丽紧锁的眉头终于舒展开来，妈妈捏了捏小丽的肩膀，小丽咯咯咯地笑了起来："妈妈，你轻点，痒——"

"那这样呢？"妈妈故意比刚才更用力了，又惹得小丽笑得更大声了。

今晚，小丽睡得很香甜。

心 理 分 析

1.临近中考，小丽怎么了？

2. 妈妈的言语和行动让小丽感觉到了什么？

3. 如果妈妈继续用这样的态度对待小丽，对她的备考以及中考成绩会有什么影响？

专家课堂

考试焦虑是一种在考试情境的激发下以担忧为基本特征的心理状态。在中考前，有的孩子会出现失眠、记忆力衰退、情绪不稳定等现象，这其实都是正常的。适度的焦虑有助于孩子更好地复习应考，但过于焦虑就会影响到学习效果和考试成绩。父母应该怎么做，才能帮助孩子缓解考试焦虑呢？

首先，读懂孩子的焦虑情绪，做孩子情绪的接收器。

压力过大时，孩子也许会发出很多信号，希望得到支持、理解和关爱。例如："这周又要测试，还有那么多作业，烦死啦！""我都复习过了，还是考这么差！"……诸如此类的话语，孩子其实想表达的是"我很累""我很烦躁""我很受挫""我很难过"。如果此时家长能敏感地发现孩子话语背后的情绪，并适当地表达理解，会让孩子感受到家人的支持。家长可以这样做："看来宝贝最近真的累了，来，吃个苹果……""哎呀，这真的是很让人感到沮丧！"如果孩子愿意倾诉，家长可以在身边陪伴他（她），听他（她）说说话，让他（她）尽情宣泄，然后再一起探讨解决问题的方法。其实，更多的孩子只是需要有人聆听、接受他（她）情绪的宣泄，他（她）自己会解决要面对的问题。

但是，面对孩子的这些信号，家长如果只想马上处理事情，说些类似这样的话："知道要做这么多事，就赶紧行动啊，不要拖拉！""那说明你复习不全面，再加把劲！"那么孩子的情绪没有得到接纳，反而会加剧孩子的焦虑。此时，无论家长提出什么建议，孩子也听不进去了。

思考

家长能够接纳并理解孩子的焦虑情绪，对孩子缓解考试焦虑有什么帮助？

其次，要理性对待模拟考试的成绩。

许多孩子的考试焦虑，主要来自家长的期望和态度。家长对孩子寄予过高期望，孩子觉得达不到便成了心理压力，导致孩子担心考砸了无法向大人交代，加剧考试焦虑。另外，如果孩子模拟考试没有取得理想的成绩，大人因此批评责骂、贬低孩子，甚至否定孩子的努力，可能会使孩子更加焦虑。所以，要放下对孩子过高的期待，根据孩子的实际水平，和孩子商量后设定一个恰当的中考目标；面对模拟考试的成绩，家长看见并肯定孩子的努力，并和孩子一起分析失误的原因，找到努力的方向，从而缓解孩子的考试焦虑。

思考

父母的期待值和孩子的焦虑水平之间有什么样的关系？

最后，科学作息，放松身心。

有的孩子为了备战中考，复习期间经常晚睡早起，导致生物钟紊乱。睡眠不足同样会引发焦虑，还会影响孩子白天的学习效率。一定要让孩子注意科学作息、劳逸结合。如果孩子经常入睡较晚，需要提醒孩子尽早上床。如果平时睡觉就比较晚，可以在考前让孩子逐渐提早就寝，逐步调整生物钟，保证每天有七到八小时的睡眠。此外，也可根据孩子的实际情况，每天或每周固定一个时间段进行一些户外运动，或允许孩子做感兴趣的事情，例如唱歌、下棋等，帮助孩子保持稳定的情绪和平和的心态。当然，如果孩子焦虑持续的时间较长，影响正常的学习和生活，可以鼓励孩子去见一见学校的心理老师。

? 思考

　　每天抽出固定的时间运动和放松，对孩子备考有什么样的影响？

练一练

1. 留意孩子最近的表现，有没有考前焦虑的迹象。如果有，如何调整才能帮助孩子减轻焦虑呢？

2. 和孩子一起制订一份考前运动计划，固定时间，适当运动。

16

职业高中还是普通高中

短镜头

每年中考成绩出来后，孩子读普通高中还是职业高中，成了一些家长的忧心事。上个好高中，将来考个好大学，是很多家长对孩子的共同期待。但有些孩子成绩不上不下，上职业高中，家长不甘心。职业高中和普通高中，到底该如何选择呢？

家庭故事

场景A

中考结束，乐乐考了450分，这个分数连普通高中的录取线都够不到，这可急坏了家长。

妈妈叹息道："唉，你太不争气了，考这么点分还怎么上高中啊？"

乐乐小声地说："我可以上职业学校啊。"

妈妈更生气了："瞧你这点出息！你去了职业高中还有未来吗？"

乐乐不服地说："谁说去职业高中就没有未来？"

妈妈说："你知道上职业高中能学些什么？我这就让你爸爸看看有

哪些私立高中可以上，无论如何你都得上高中！"

最终，妈妈还是把乐乐送到一所私立高中。上了高中的乐乐每天无精打采，丝毫没有学习的热情。

心理分析

1. 乐乐对待普通高中和职业高中的态度是怎样的？

2. 为什么乐乐上了普通高中后变得无精打采？

3. 妈妈一心让乐乐上普通高中的目的是什么？她达到自己的目的了吗？

场景B

中考结束，亮亮考了450分，这个分数连普通高中的录取线都够不到，一家人忧心忡忡。

吃完晚饭，爸爸说："我们开个家庭会议，商量一下亮亮的升学问题吧。"

亮亮不好意思地答应道："嗯。"

爸爸说："这个分数上不了公立的高中，有些私立高中还是可以的。如果选择上职业高中，我们市也有几所不错的，你有什么想法？"

妈妈担忧地说："职业高中行吗？还是考虑考虑私立高中吧。"

亮亮说："我不想去上高中了，学业压力太大，你们知道我的学习成绩一直不好。我想去职业高中，学一门技术。"

爸爸想了想说："职业高中也是个不错的选择。你从小动手能力就很好，而且现在国家大力发展职业教育，上职业高中一样可以有前途。"

亮亮听到爸爸这样说，欣慰地点了点头。

随后，一家人结合亮亮的兴趣爱好，最终确定了一所心仪的职业高中。

心 理 分 析

1. 在面对升学问题时，亮亮的爸爸妈妈是如何做的？这对引导亮亮起到了什么作用？

2. 亮亮对待普通高中和职业高中的态度是怎样的？请猜测亮亮的将来会怎样？

3. 妈妈虽然对职业高中有所担忧，但最后也尊重了亮亮的选择。这对孩子的发展会起到什么作用？

专家课堂

很多家长对职业教育的社会地位存在误解，认为职业高中就是低层次的教育。为了让孩子挤进普通高中，从而有机会升入普通高校，他们便开始了"疯狂鸡娃"式的竞赛。到底怎样的教育才能更好地帮助孩子呢？

首先，消除偏见，因材施教。

改革开放 40 多年来，当前我国已建成全世界规模最大的职业教育体系。尽管职业教育已经分别占据高中阶段教育和高等教育的半壁江山，但对职业教育社会地位的误解，依然不同程度地存在。据统计，2017、2018 届高职高专毕业生就业率已经连续两年超过本科毕业生就业率，考上普通大学，由于专业不适合，学不到真技能，毕业之后也找不到适合工作的现象也在一定范围内存在。这提醒家长们需要理性认识职业教育并了解孩子的学习特点。普通高中也好，职业高中也罢，都是让孩子能选择自己擅长的发展方式——卷面分数不能说明孩子聪明与否，如果"拼乐高""写程序"等也能计入分数，谁会从考试中胜出？恰好，职业高中给了一些孩子"拼乐高""写程序"等机会，让他们有获胜的舞台。

？思考

你对职业高中有了什么新的认识？

其次，择校，不要让孩子缺席。

上学、成长，归根到底是孩子自己的事情。家长们常常以为孩子懵懵懂懂，所以就拼命为孩子选择和安排，却忽略了孩子的梦想是什么、他的兴趣在哪里。不管是职业高中还是普通高中，家长一定要考虑自己和孩子的共同目标，与孩子充分交流，共同做出选择。在选择的过程中，一定要以孩子为主，让孩子做自己的生涯决策者，家长做孩子选择的支持者。孩子参与得越深，对自己的认知会越清晰，未来发展就越笃定。

孩子的能力都是在具体的事情上锻炼出来的，在这个过程中，孩子发展起来的信息收集和加工能力、自我认知能力和规划管理的意识会让孩子终身受益。让孩子自己选择适合自己的，毕竟，适合自己的才是最好的。

？思考

结合孩子的当前情况和学习特点，你认为孩子更适合普通高中还是职业高中？

最后，帮助孩子做好学业规划。

进入普通高中并不意味着万事大吉，进入职业高中也不代表人生就此止步。孩子中考成绩斐然，进入高中之后怎样展翅高飞，上职业高中的孩子如何勤勤恳恳地修到一技之长，都是家长需要考虑的。职业高中或普通高中，只是人生路上的一个转折点而不是终点。不管是进入普通高中还是职业高中，都要对自己的学业有一个清晰的认识。要做好学业规划，树立奋斗目标，并为之不懈努力。

？思考

学业规划对孩子未来发展的重要性是什么？

练一练

1. 衡量一所学校好坏的标准是什么？怎样的学校教育才是更有利于孩子发展的？

2. 开展一次家庭会议，交流各自对职业高中和普通高中的认识，帮助孩子进行人生规划。

专题三

放手后的成长

我的发型我做主

短镜头

说不清从啥时候开始，孩子开始喜欢用发型彰显个性，"我的发型我做主"也成了他们捍卫主权的口号。很多家长感叹："理个发怎么了？就像要了他的命一样！"借着维护发型的名义"逆反"，似乎成了很多青春期孩子的行为。

家庭故事

场景A

平平的头发有点儿长了，班主任跟妈妈说，要提醒孩子理发，注意仪表。爸爸妈妈决定，晚上回家和平平谈谈关于头发的事情。

一进家门，平平就看到爸爸妈妈阴沉沉的脸。虽然有些心虚，他依旧故作镇静，放下书包端起杯子喝水。

爸爸气呼呼地说："先别喝水，先谈谈你的头发问题。"

妈妈也说："你还跟没事人似的，赶快给我把长头发剪掉。"

看到爸爸妈妈如此的态度，平平扯着嗓子喊道："我长大了，这事不用你们管！"

爸爸更生气了："你还敢顶嘴？看看你现在的样子，成绩一次比一次差，我看你把心思都用在头发上了！我告诉你，今天你要是不把乱七八糟的头发剪掉，就别想吃饭了！"

于是，爸爸"押着"儿子到理发店，请理发师给理了个在爸爸看来"比较正常的发型"。

只是，从此以后，平平变得冷漠了，每天回到家都沉默寡言，和爸爸妈妈的关系也越来越疏远，本来还过得去的学习成绩也变得更差了。

心 理 分 析

1. 平平和家长之间的冲突表面上是发型问题，但本质是什么？

2. 面对平平的发型，平平的爸妈采取的措施是什么？他们的目的是什么？最终，目的达成了吗？

3. 平平拒绝理发的目的是什么？家长的做法对平平的成长有什么影响？

场景B

强强的头发有点儿长了，班主任跟妈妈说，要提醒孩子理发，注意仪表。爸爸妈妈决定，晚上回家和强强谈谈关于头发的事情。

晚饭后，爸爸对强强说："儿子，爸爸妈妈想和你谈谈头发的问题。"

强强有些无所谓地说："又想拿我的头发说事啊？班主任又找你们了吧？你们想说的，班主任已经跟我说了不知多少遍了……"

爸爸微微一笑，说："是的，班主任找我们谈了你的头发问题。不过，爸爸倒没有觉得这有什么大问题。"

"哦？"期待中的暴风雨没来，强强感到有些意外。

妈妈接着说："你长大了，我们需要尊重你的意见，也该理解你的个性。以前，我和爸爸只顾督促你学习，对你的意见不够尊重。今天，爸爸妈妈要对你表示歉意。"

强强懵了，心想：这是唱得哪一出啊？他准备好对付爸爸妈妈的各种"长短兵器"，硬生生地给憋在了肚子里。

强强挠挠头，有些无奈地说："唉，几个哥们非要拉我染头发向班主任示威。其实，每天面对老师和同学异样的目光，我早就受不了了。"

一家人哈哈大笑。

心 理 分 析

1. 强强家长面对的问题是什么？

2. 面对强强的发型，家长采取了什么样的措施？家长的目的是什么？最终，目的达到了吗？

3. 爸妈允许强强"发型自由"了，为什么他反而不折腾了呢？

专家课堂

发型本来不是什么问题，可是伴随着孩子青春期逆反心理，却变成让很多家长难以理解、不知所措的事。是孩子错了，还是家长的教育错了？孩子对学校"发型规则"的挑战，是想表达什么诉求？不同家长的不同处理方式，对孩子的心理发展有着不同的影响。

首先，逆反是问题吗？

所谓逆反，是一种故意与他人看法相违背的心理状态。比如，因对某种道理、说法、规定等反感而产生对抗、违背的情绪。为什么孩子到了初中阶段就不像小学时那么听话了呢？

心理学认为，逆反期是人生必经的正常过程，就好像毛毛虫不破茧而出就无法变成美丽的蝴蝶。此时，孩子所表现出来的逆反言行，更多地表达了他们发展自主性的意愿，这是孩子从幼稚走向成熟、从依赖走向独立的必然要经历的阶段。正是经由对家长的不听从，孩子才从依赖他人到有自己的主见，实现初步的成熟。逆反并不是坏事，相反，是一个新的成长阶段的好的开始。但是，好的开始并不意味着好的结果，也不意味着家长可以放任自流。只有家长处理得当，孩子才能顺利度过逆反期，才能在逆反中实现真正的成长。

？思考

你上初中的时候，有过逆反的表现吗？给孩子讲一讲自己上初中时和家长斗智斗勇的故事，分析一下其中隐藏的成长密码。

其次，为什么家长越禁止孩子越逆反？

提到孩子，很多家长会发出类似的感慨："熊孩子，你是上天派来折磨我的吗？你是不是生来就是跟我作对的？""还玩电子游戏！视力已经出问题了，为什么还是一有空就玩个不停？""不许跟同学打闹，不要乱吃零食……""我都说了几百遍了，你怎么就不听呢？"

家长的"不要"和孩子的"偏要"，使不少家长苦恼不已：辛辛苦苦地为孩子做出种种安排，孩子不仅不做，还要顶牛。逆反心理的产生，有孩子生理和心理的内在原因，也有家长教育不当、不理解孩子的外在原因。

青春期孩子与家长的冲突，根源在于家长读不懂孩子的心理需求，依然用对待小孩子的方式对待已经长大、具有强烈成人意识的孩子。身体的变化给孩子带来的心理上的成人感、独立感大大增强。这时，孩子与家长对抗的潜台词是："我已经长大了，我们是平等的。"孩子需要的是长大成人的感觉，以及家长对他们的尊重。基于这样的心理，家长的殷切叮咛和满腔爱意给孩子的感觉却是限制和冒犯。他们非但听不进家长的话，还会有意无意地顶撞。

孩子认为，长大的标志是拥有选择权，就是自己做决定，而不是单纯地听从家长的意见和安排。面对孩子的逆反，家长应该把选择权交给孩子，尊重孩子的选择。有的家长不愿意放权，是因为担心孩子考虑不周，害怕孩子走弯路。实际上，孩子不见得一定要自己说了算，他需要的是家长耐心倾听他的想法，而不是时时想着干涉和阻挠。

?思考

家长越是禁止的事情，孩子干得越是起劲。这对于我们与青春期的孩子相处有什么启示？

最后，如何与逆反期的孩子相处？

每个孩子都会经历逆反期。当家长不再纠结于"对错好坏"时，试着体会孩子行为背后对独立、自主的需求，学会尊重孩子的选择，或许亲子冲突就不再是必然的。家长不妨做出如下改变：

支持孩子的兴趣爱好。家长不要只对孩子的学习感兴趣。孩子爱唱歌、喜欢写作、擅长跑步，都很好。家长要学会欣赏孩子，允许他犯这个年龄可以犯的错误。那些看起来很傻的低级错误是孩子成长的资源，而不是障碍。家长还要研究孩子喜欢的事物，和孩子一起讨论、交流，这对孩子的健康成长是非常有益的。

温柔地坚持。家长对原则性的问题要坚持，但要讲究方法。比如，孩子迷恋玩手机，家长感到担心，怎么办呢？要制止，但表达方式要温柔，即让孩子感受到被尊重。"温柔"不是让家长放弃自己的立场，更不是无原则地退缩、忍让。"坚持"不是不在乎孩子的感受，更不是简单粗暴。爱与尊重，是与逆反期孩子相处的良方。

家长自身成长至关重要。这个时期的孩子看似处处要求独立，其实心智并未成熟，仍然需要家长的肯定和接纳，缓和亲子冲突的主动权仍然掌握在家长手里。家长需要比以往更有智慧、更勇敢，尽管做到这些很难。但永远不要忘记：曾经，鼓励孩子学爬行、说话、走路的时候，就是为了让他最终独立、有个性、能奋斗！

思考

面对青春期孩子的逆反，很多家长会采取压制的方法，这对孩子的成长会有什么影响？

练一练

1.“我的发型我做主”的背后折射着孩子什么样的心理诉求？

2.当孩子出现逆反问题时，家长以什么样的理念、采取什么样的方式对引导孩子是有效的？请举例说明。

$$\blacktriangledown\ 18$$

班主任的电话

短镜头

老师通过家长会、电话、微信等方式与家长沟通孩子的情况，这是正常现象。接到老师的电话，家长的反应各不相同，有的感激，有的焦虑，有的则认为老师没事找事、小题大做……家长不同的应对方式影响着家校沟通的效果，对孩子的成长也有着不同的影响。

家庭故事

场景A

聪聪的妈妈正在做晚饭，手机铃声一响，看到是老师的号码，立即手忙脚乱，嘴里唠叨着："天不怕，地不怕，就怕老师来电话。"此时她的脑海中闪过数个念头：是不是孩子在学校惹祸了？最近表现不好？生病了？

班主任说："聪聪妈妈，给您打电话，是因为聪聪的周末作业有好几科都没完成，想了解一下孩子在家的学习情况。"

妈妈苦笑着向老师道歉："对不起，给您添麻烦了，这个孩子太过分了，等他回来我一定好好教训他。"

班主任说："您不要误会，我不是想让您收拾孩子，我就是想了解一下，周末家里有什么事情影响了孩子吗？"

妈妈略作思考："周末也没有什么事情呀，他就是偷懒耍滑，回来我一定好好批评他，辛苦了，老师！"

等聪聪放学，一进家门，妈妈就开始大练狮吼功："老师又给我打电话了，你周末作业怎么回事？你怎么就不能好好写作业？有你这样的熊孩子，我丢人都丢到学校了……"

然后，还没等孩子解释，家里就弥漫起了浓浓的硝烟。当晚聪聪在日记里写下这样的话："班主任真讨厌！就知道给家长打小报告，拜他所赐，今天领了妈妈的'二十大板'……"

心理分析

1. 妈妈对班主任的来电有着什么样的心理预期？

2. 班主任来电之后，妈妈采取了什么样的解决方法？

3. 妈妈这么做，对聪聪的学习和成长会带来什么影响？

场景B

明明的妈妈正在做晚饭，手机铃声一响，看到是老师的号码，赶紧接听。

班主任说："明明妈妈，给您打电话，是因为明明的周末作业有好几科都没完成，想了解一下孩子在家的学习情况。"

妈妈真诚地说："老师，您辛苦了。上周末我们家也没有什么事情呀！我想问一下，明明之前有出现过完不成作业的情况吗？"

班主任说："之前没有，所以我才和您沟通一下，看看我们能做些什么。"

一桩桩、一件件，明明妈妈和老师交流得特别仔细，渐渐地儿子在作业方面反映出的问题，她心里有了谱。

等明明放学回家，妈妈问："明明，最近妈妈发现你写作业写得特别快呀。"

明明心虚道："因为作业比较少。"

妈妈说："哦哦，你可得保证作业质量，可别到时候你作业写不好，害得你班主任给我打电话。"

明明听妈妈这么说，赶紧回屋写作业去了。

心理分析

1. 明明的妈妈遇到了什么问题？

2. 明明的妈妈是如何看待老师来电的？她采取了什么样的解决方法？

3. 妈妈这么做，对明明的学习和成长会带来什么影响？

专家课堂

　　每位老师的性格特点、做事风格、教学水平都有所不同，老师给家长打电话也好，请家长到学校也罢，都好过对孩子不管不问。如果家长能把每次的电话联系当作难得的沟通机会，对家长认识和帮助孩子一定会起到很好的促进作用。

　　首先，正确认识老师的来电。

　　一位家长向专家倾诉了她的烦心事：由于儿子平时上课不认真听讲、不按时完成作业，因此老师经常给她打电话，有时还请她去学校。这样几次之后，她一听老师说孩子在学校表现不好，就火冒三丈，为孩子不争气而恼火，为老师说话不客气而闹心。于是，回到家，她不问青红皂白就把孩子打骂一顿。结果，孩子因挨打而哭，妈妈被气得哭，家里乱成一团。一阵"暴风骤雨"过后，孩子在学校的表现依然如故，纪律散漫、不求上进，老师依然电话不断。或许，这位老师也因学生的教育问题而焦虑，不过他有着"家校携手共同教育好孩子"的良苦用心。

　　当班主任来电，家长应该理智地做到两个方面：一是以平和的心态听取老师对孩子问题的反映，二是相信老师的提醒是善意的。老师的目的不是让家长打骂孩子，而是让家长及时了解孩子的学习和思想情况，及时帮助孩子解决问题。有了这样的认识，家长就不会动那么大的肝火，就会从容看待老师打电话这件事，从而着眼于孩子成长的具体问题。

?思考

    在老师打电话陈述孩子的问题时，有的家长反应会很强烈。请想一想，老师的话语让这样的家长感受到了什么？这对你有什么启示？

其次，对老师的反馈做出积极回应。

目前的家校沟通中"报忧"现象比较普遍。家长收到孩子的负面信息时，切忌不加筛选地全盘转述给孩子，更不要在老师批评孩子后，数落孩子不争气。这些不恰当的做法会快速摧毁孩子对自我形象的认知。老师联系家长是很正常的事，家长不要为了自己的面子而让孩子在众人面前丢脸。可以学习场景B中明明妈妈的做法，面对老师反馈的问题，有选择性地提醒孩子，这样既维护了孩子的自尊，又纠正了孩子的不当行为。

?思考

    有的家长接到班主任的"投诉电话"，就一定会让孩子知道，甚至还会添油加醋。家长这样做的目的是什么？这对孩子的成长有什么影响？

最后，主动和老师沟通，不做甩手掌柜。

家长不要等到老师传达不好的消息时才和老师沟通，沟通时被动回应也是不可取的。现在微信、电话使用起来都很方便，要主动跟老师联系，沟通孩子在家、在校的情况，双方密切配合才不会错过帮助孩子的时机。

家校合作都是为了一个目标：合力把孩子教育好。但有些家长觉得自己不懂教育，就当起甩手掌柜："老师，我们也不懂教育，今后孩子就交给您了！""老师，孩子最听老师的话，我拿他没办法，就靠您了。"教育不懂可以学，一旦错过孩子的成长期，再想弥补就很难了。

？思考

有的家长把"配合老师工作"简单理解成"老师怎么说，家长怎么做"。对此，你怎么看待？

练一练

1. 家长处理老师来电的方式会如何影响孩子与老师之间的关系？

2. 回想最近一次接到老师的电话，你是如何做的？结合本节所学，你会做出哪些调整？

19

我想要的运动鞋

短镜头

　　运动鞋在家长眼中是舒适的代表，在孩子眼中则是从清一色校服里展现个性的舞台。在这方寸之间，青春期的孩子们一个个可谓别出心裁，自成一格。此时，父母却头疼起来：尊重接纳，又担心孩子之间互相攀比；尽量满足，又唯恐孩子追求时尚而过度消费；坚决制止，又担心破坏亲子关系……面对热衷运动鞋的孩子，家长到底该如何引导呢？

家庭故事

场景A

　　班里好多同学都穿着名牌运动鞋，新新也不例外。今年生日，在他的要求下，爸妈送给他一双限量款球鞋，让他在班里神气了好久。前几天他从网上又看中了一双运动鞋，但家里的鞋已经不少了，爸妈肯定不会同意给他买，于是，新新向同学借了600元，再加上自己的零花钱，偷偷买下了这双鞋。但是，这件事很快就让爸爸知道了。

放学后，爸爸怒气冲冲地走到他面前大声呵斥："你现在长本事了！都会找同学借钱了！有这些心思，放在学习上不好吗？"

新新不甘示弱："我又没干什么坏事，不就是买了一双鞋吗？"

爸爸不解地问："你看看鞋柜，你的鞋还不够穿吗？平时你要买什么，爸爸妈妈都会尽量满足你，现在倒好，还敢借钱买了，你丢不丢人？"

新新反驳道："还不是因为每次买东西，你们都要给我加上学习的条件，要不然就是和别人比，烦都烦死了，我还不如自己买。"

爸爸说："自己买？你倒是有钱啊？"

新新生气地说："不就是600块钱吗？至于这么上纲上线吗？"

爸爸也很气愤："你说得倒轻巧，你去赚600块试试？"

新新自知理亏，"哼"地一声扭头回房间，心里却郁闷起来：不就是向同学借了600块钱吗？有什么大不了的，平时还说"只要我学习好，什么都买给我"，我又没影响学习，买一双想要的运动鞋怎么了？

心 理 分 析

1. 爸爸和新新面对的问题是什么？

2. 你认为新新为什么这么热衷于买球鞋？

3. 新新爸爸的处理方式达到他想要的目的了吗?

场景B

班里好多同学都穿着名牌运动鞋，浩浩也不例外。今年生日，在他的要求下，爸妈送给他一双限量款球鞋，让他在班里神气了好久。前几天，他从网上又看中了一双运动鞋，但是家里的鞋已经不少了，爸妈肯定不会同意给他买，于是，浩浩向同学借了600元，再加上自己的零花钱，偷偷买下了这双鞋。但是，这件事很快就让爸爸知道了。

爸爸本想兴师问罪，又怕伤害亲子关系，于是想了一个方法："儿子，从今天起，咱们家开始实行家庭会议制度。咱们轮流当家，谁是这周的一家之主，谁就有权召开家庭会议，主持讨论家庭事务。怎么样?"

浩浩说："听上去倒挺有意思的。"

看浩浩能接受，爸爸接着说："儿子，你最近是不是碰到什么问题了? 老师反映你向同学借了不少钱。"

浩浩一听，低下头，支支吾吾地说："这个……"

爸爸很自然地说："这样吧，今天由你来当一家之主，有什么事情你说，我们一起商量，共同面对。"

见爸爸没有责备自己的意思，浩浩抬起头说："是这样的，我看上了一双很好看的运动鞋，但是零用钱不够，你们肯定又不给，我就向同学借了，但是现在我没钱还给他们了。"

爸爸严肃地说："你这个年纪跟同学借钱买一双不是必需的运动鞋，这属于不当消费行为。事情发生后，你也不愿意主动跟爸妈沟通，说明我们平时跟你的交流也不好，我们也有责任。"

听见爸爸检讨自己，浩浩有些不知所措："我现在该怎么办？"

爸爸说："儿子，600元不是个小数目，向同学借的钱要尽快还给人家。"

浩浩期待地看着爸妈："那……这个钱你们能不能先帮我垫上？"

妈妈笑着说："浩浩，妈妈希望你通过自己的努力把这笔钱还掉，我们一起制订个还款计划。"

浩浩说："我把每周的零用钱省下来，以后每天晚饭后的洗碗我包了，你们能不能适当给我一点劳务费？"

爸爸说："作为家庭成员，承担一定的家务是义务，周末洗碗算是作为家庭一员的付出，其他五天由我们每天支付30元给你，怎么样？"

浩浩兴奋地说："成交！"

经过一个月的时间，浩浩终于把钱还清了，此时他再穿上那双运动鞋时，心里却没有那种炫耀感了。浩浩终于想明白了：鞋子穿得舒服就好。

心理分析

1. 浩浩为什么会借钱买运动鞋？

2. 爸爸提出的家庭会议制度，对于此次事件的解决有什么帮助？

3. 浩浩是如何还钱的？这对于他消费观、审美观的建立有什么帮助？

专家课堂

　　青春期是青少年寻找自我、确认自我、成长自我的关键时期。家长需要读懂孩子热衷运动鞋背后的心理需求，看到消费不当的问题背后，孩子有着什么样的心理需求。

　　首先，理解青少年追求时尚背后的成长需求。

　　在操场上做广播体操的中学生们，穿着一模一样的校服，唯有一双鞋有所差别。当彰显个性的衣服被"剥夺"后，鞋子、书包、手环等变成了孩子们发挥的舞台，而这些都是他们表达个性色彩的地方。他们既要和别人有相似的时尚追求以寻求归属，又要根据自己的喜好自主选择以彰显独立。当一个孩子不再接受爸妈给挑选的运动鞋时，他们想要的不是运动鞋，而是能自我决定、自我掌控的权利；当孩子看到班里同学因为一双运动鞋而引来羡慕时，他们要的不是运动鞋，而是来自同伴的关注和认可。

？思考

　　青少年追求时尚的背后有哪些成长需求？

　　其次，引导孩子树立正确的消费观。

　　交往性、攀比性的消费行为在中学生中经常出现，孩子在金钱使用上可能会缺少计划性、前瞻性。因此，我们需要从小培养孩子的消费观。家长不要谈钱色变，奢侈浪费和过于哭穷都不可取。具体而言，家长可以通过建立良好的亲子关系，创建和谐民主的家庭氛围等方式，帮助孩子分清楚"需要"和"想要"；家长也可以和孩子一起协商是否给予零花钱，零花钱的金额、使用范围以及如何监督等细节。在充分讨论的基础上，形成一个双方都接受的方案；让孩子参与家庭支出决策，培养科学的消费意识，逐渐养成自主、理性、可控的消费行为。

？思考

如何帮孩子分清"需要"和"想要"？

最后，注意引导孩子的攀比行为。

青春期的孩子很容易因为虚荣而陷入攀比，在这种状态下，要想淡然、从容地做自己就很困难，以至于会出现借钱买鞋这样的现象。实际上孩子的攀比心理与家庭环境有密切关系。有的父母本身就爱攀比，也喜欢当着孩子的面炫耀，渐渐地孩子就会受到大人的影响，也喜欢抬高自己，喜欢听别人吹捧自己。因此，家长需反思自身是否有攀比心理和行为，以身作则，提高自身的审美情趣，端正消费行为。当孩子攀比时，父母要把孩子的攀比从物质和金钱上引到精神层面、学习层面、道德品质层面上。让孩子争当文明人，争取在学习上出类拔萃，这比攀比物质和金钱来得更好。

？思考

孩子有攀比心理是正常的吗？是否要完全消除呢？

练一练

1. 你的孩子有没有攀比的现象？你当时是如何处理的？现在看来有什么可以改进的地方？

2. 请试着和孩子共同制订零花钱的开支计划。

20

书包里的情书

短镜头

　　进入青春期的孩子好像都变得神秘了，偷偷换了带锁的笔记本，不时收到小礼物，甚至书包里偷偷藏情书……这些现象让家长担心孩子是不是"早恋"了。十三四岁的孩子，对异性都会有一种特别的好奇和亲切感，从而会产生朦胧的好感。家长该如何引导孩子正确对待这种特殊的情感呢？

家庭故事

场景A

　　贝贝今年读初二。有一次，妈妈在帮她整理书包的时候，发现里面竟然有一封情书……

　　在吃饭的时候，妈妈故意拿女儿的成绩说事："贝贝，你最近接连几次考试成绩都不理想，心思是不是没用到学习上呀？"

　　贝贝心虚地说："没有啊，我一直在认真学习。"

　　妈妈看到贝贝不招认，于是便拿出"证据"摆在她面前："还敢撒谎，这是什么？小小年纪不学好，学起人家早恋来了！"

贝贝又羞又恼："这是男生给我的，但是我没有早恋。"

妈妈生气地说："还敢狡辩？你都收别人的情书了！难怪最近学习成绩一降再降，明天我非得教训教训这个男生。"

妈妈通过老师联系到了那位男生的家长……只是如此一闹，不仅让两个孩子颜面尽失，还招来了老师的"特别关心"和同学的指指点点，导致贝贝在班里抬不起头。

从此以后贝贝平时也不敢和妈妈交流，在感情这一块更是把它视为洪水猛兽。

心理分析

1. 贝贝妈妈遇到的问题是什么？

2. 贝贝妈妈对待情书的态度是怎样的？妈妈是如何处理这件事的？结果如何？

3. 贝贝妈妈的处理方式对孩子的人际交往和个人成长有什么影响？

场景B

微微今年读初二。有一次，妈妈在帮她整理书包的时候，发现里面竟然有一封情书……

到了晚上，母女俩正好在一起看电视，看到剧中男主角追求女主角的时候，妈妈不自觉地感慨道："微微，你知道吗？我读书的时候是很受欢迎的，班上可是有很多男生给我写情书呢。"

微微立马好奇地问："那妈妈当时是怎么处理的呢？会不会觉得很尴尬？"

妈妈说："是啊，是有些不好意思，但这就是青春期那种青涩懵懂感情的奇妙啊！对了，我女儿这么漂亮，不知道在学校有没有男生给写情书呢？"

微微毫不避讳地告诉妈妈："妈妈，我正想和您说呢，今天我就收到了一封情书，我不知道该怎么办，教教我吧！"

妈妈问："微微，你对这位男生是什么感觉呀？"

微微害羞地说："我觉得他挺好的，会打球，数学也好，但是他写情书，我就不知道该怎么办了。"

妈妈笑了笑："有人写情书，说明咱们微微很优秀，首先我们要尊重、欣赏自己的人。"

妈妈继续说："你们现在对异性有一种朦胧的好感是很正常的现象。不过，学生终究要以学业为重，不适合谈情说爱。"

微微似懂非懂地点了点头。

心 理 分 析

　　1. 微微妈妈遇到的问题是什么？

　　2. 微微妈妈对待情书的态度是怎样的？妈妈是如何处理这件事的？结果如何？

　　3. 微微妈妈的处理方式对孩子的人际交往和个人成长有什么影响？

专家课堂

　　每个人的学生时代，可能或多或少都有过那么一段懵懵懂懂的青涩爱恋时光。家长要知道花开有时，这是一种青春期的必经之路，是人之常情。此时，家长最应该做的事情是正确引导。

　　首先，别轻易给孩子扣上"早恋"的帽子。

　　一说到早恋，很多家长如临大敌，常常会乱了方寸。其实，有的时候"早恋"这个名词，可能是被家长和老师冠名的。男女生一起说个悄悄话，结伴回家，长时间的形影不离，便会被家长一棒子打到"早恋"的队伍中去，这对孩子来说是不公平的。孩子所谓的喜欢，可能只是对异性同学的一种佩服和崇拜，是孩子发自内心的真实情感。家长们不要简单地把喜欢异性都归结为"早恋"。这样不仅不会被孩子接受，而且可能驱使孩子"弄假成真"。

若是家长能对孩子这种所谓的"早恋"加以引导，那么可使其发展成为一种健康的友情。异性朋友之间的友谊，对孩子来说是一笔十分宝贵的人生财富。

？思考

"异性朋友之间的友谊，对孩子来说是一笔十分宝贵的人生财富。"对此，你是怎样和孩子交流的？

其次，让孩子感受到爱和支持。

发现孩子早恋，很多家长会严厉地批评孩子，甚至简单粗暴地认定孩子"叛逆""学坏了"。如此行为没有考虑到孩子内心的真正需求，不但解决不了早恋问题，反而会适得其反，激起孩子的逆反心理。因为，卷入早恋的孩子大多在家庭中感受不到足够的父爱或者母爱，得不到家长的情感支持，家庭情感的缺失导致孩子要对外去寻求情感的寄托；加之青春期的好奇心与从众心理，孩子很容易对异性产生好感，萌发恋情。

家长要先学会审视自己，是否疏忽了对孩子的关心，是否忽略了孩子的感受，与孩子之间是否欠缺沟通等，找到问题根源，让孩子感受到来自家长的爱和支持，为孩子营造丰盈的情感港湾。

？思考

孩子的一些行为的背后是在满足自己的需求，异性交往也是如此。要更好地陪伴孩子长大，家长们首先需要思考：孩子为什么会早恋？

最后，做好底线教育。

孩子有早恋的迹象，也是家长引导孩子树立健康感情观的好时期。性成熟使孩子对过去的情感、人际关系的认识产生了变化，这种认识很多都是懵懂的，需要家长的正确引导：要知道何事可为，何事不可为，最重要的是要有底线意识。

对于男孩子，家长要让他知道什么是责任、什么是担当、什么是尊重；告诉孩子，喜欢一个人，不仅仅是情感上的付出，更需要有承受后果的能力。对于女孩子，家长就要提醒她要保护自己、爱惜自己，跟孩子谈身体边界，让孩子明白正确的生理常识，知道怎么保护自己。

？思考

男孩和女孩的底线教育有什么不同？

练一练

1. 情人节这天，涛涛和兰兰没在学校吃午饭，而是来到了校外的快餐店，没想到他们的行踪被正在逛街的亮亮妈妈发现了，于是他们的家长也在第一时间知道了这个情况。如果你是孩子的家长，你会怎么和孩子谈这个问题呢？

A. 严厉谴责，要他们保证以后不再有诸如此类的事情发生

B. 随便他们去，装作不知道

C. 了解他们的想法，与他们温和沟通

D. 找班主任，希望老师严厉批评

如果有可能，试着与孩子交流，假设有类似的事情发生，他们希望父母如何做？

2. 转天就是"五一"劳动节了，辛苦了两个多月的同学们想出去放松一下，于是亮亮、乐乐、涛涛、兰兰四个好朋友相约去海洋公园玩一天。如果你是他们的家长，你会同意吗？请选择：

A. 同意并祝福他们玩得开心

B. 不同意也不允许孩子和同学一起出去玩

C. 心里不同意，但也无法阻止，只好不停地叮咛又嘱咐

D. 找班主任，希望老师给出主意

与孩子一起讨论这道题目，通过了解他们的想法，增进亲子之间的相互理解。

21

追星，招谁惹谁了

短镜头

不知道从什么时候起，孩子开始有自己崇拜、迷恋的偶像了——明星的歌曲，每天不厌其烦地循环播放，写作业的时候也要听；床头书柜上到处张贴着明星的海报，书桌上早已没有书本的容身之地；衣着打扮拼命向偶像看齐，没有一点学生的样子……家长忍不住劝几句，换来的却是"我追星，招谁惹谁了"……

家庭故事

场景A

放学回家，莉莉就回到自己的房间，戴着耳机坐在电脑前，无比陶醉地看着偶像的直播，爸爸敲门让她去吃饭，喊了很多遍她都没有听到。爸爸纳闷，推门而入。

爸爸生气地说："莉莉，看得这么入迷，喊你吃饭都听不到！"

莉莉敷衍道："哎呀，你不懂，他是我心目中的偶像。"

爸爸不解地问："这些明星有什么好的？要唱功没唱功，要演技没演技，你要是有这工夫还不如多看看书！"

一听爸爸谈到学习，莉莉从椅子上站起来，吼道："我就是喜欢他！怎么了？我追星，招谁惹谁了？"

爸爸拍着桌子，生气地说："还嘴硬！现在学习最重要，你却在浪费时间看直播，我绝不允许你再追什么星！"

莉莉眼眶里噙满泪水，一把推开爸爸跑了出去："我就要追星，你管不着！"

心理分析

1. 莉莉和爸爸之间的矛盾的焦点是什么？

2. 爸爸是如何对待莉莉追星这件事的？爸爸这样做的目的是什么？达到目的了吗？

3. 如果爸爸继续用这种方式对待莉莉，结果可能是什么样的？

场景B

放学回家，娟娟就回到自己的卧室，戴着耳机坐在电脑前，无比陶醉地看着偶像的直播，爸爸敲门让她去吃饭，喊了很多遍她都没有听到。爸爸纳闷，推门而入。

爸爸平静地问："娟娟，你在干什么？我喊你吃饭都没有听到，我就进来看看。"

娟娟兴奋地说："我在看我男神的直播，太帅了！"

爸爸饶有兴致地问："帅吗？看看有没有你老爸帅！"

爸爸的话让娟娟笑了，她和爸爸分享了很多偶像的故事，爸爸也和娟娟分享了自己小时候的偶像。

爸爸语重心长地说："娟娟，第一次听你聊你的偶像，原来他不仅长得帅，更重要的是善良、勇敢的品质吸引了你。爸爸不反对你追星，但是你要平衡好学习和追星的时间哦。"

娟娟认真地说："好的，放心吧！放学回家，我先完成学习任务再做其他的事，保证不耽误学习。这样，行了吧？"

心理分析

1. 爸爸是如何对待娟娟追星这个事情的？爸爸这样做的目的是什么？

2. 爸爸做了什么，让娟娟乐意和他分享有关偶像的事情？

3. 爸爸这么做，对女儿的学习状态会带来什么影响？

专家课堂

　　偶像崇拜是青少年心理发展过程中的常见现象。由于青春期的孩子存在逆反、狂热等心理特征，有些孩子在追星中会陷入盲目状态，这给自身的学习和生活带来负面影响。那么，追星真的是洪水猛兽吗？当孩子出现追星行为时，家长该如何引导呢？

　　首先，理性认识偶像崇拜，理解、接纳孩子。

　　青少年的偶像崇拜是有其特定的心理原因的。一方面，他们在身体和心理上快速发展，独立意识不断增强。他们认为自己已经长大了，希望能够独当一面，渴望摆脱家长的控制。然而，有限的生活经验又使他们不能没有家长的帮助，这种矛盾使他们感到很苦恼。因此，他们可能会崇拜有能力、有地位且形象出众的偶像，希望通过对偶像的崇拜，来间接实现独立自主的愿望。另一方面，青少年处在自我同一性建立时期，在这个阶段，他们会去探索"我是谁""我到底要成为一个怎样的人"等问题，而追星恰恰是他们构建理想自我的一种重要方式。当然，青少年的认知发展尚未成熟，仍然可能存在盲目性。对待孩子的追星情况，家长仍然需要干预。此外，青少年追星也在一定程度上受环境影响。青少年由小学时期对权威的认同，转变为对同伴的认同，比如当身边的朋友都崇拜某位明星时，为了与同伴有更多的共同话题，不被边缘化，更好地融入同伴群体，有些孩子会不自觉地跟随同伴的脚步，开始追星。

　　家长要认识到，追星是孩子成长中的一种正常现象，有其心理成长的必然性；在接纳的基础上，提醒孩子把握追星的度，如不要影响学业、睡眠、情绪，不应把大量零用钱用于追星等。如果孩子学有余力，追星有度，家长就不必过多干预，只要适当引导孩子量力而行即可。此外，孩子的追星行为也是有热度的，一旦热度退去，追星行为也会渐渐消退。

?思考

> 偶像崇拜对孩子的成长有哪些影响？

其次，要保持好奇、开放的态度，走进孩子的内心世界。

很多家长不见得反对孩子追星，而是担心追星带来的荒废学业、浪费金钱甚至走火入魔等负面影响。如果引导孩子读懂家长的担心，并能主动就追星和家长进行很好的沟通，亲子冲突就可以避免。家长可以选择合适的机会，与孩子探讨追星的原因，选择孩子感兴趣的话题，比如：可以向我介绍一下你的偶像吗？他身上有哪些吸引你的地方？让孩子分享他与偶像之间的故事。

?思考

> 场景B中，娟娟爸没有反对孩子追星，反而换来了孩子的理智和坦然。这对你引导孩子的偶像崇拜有什么启示？

最后，适时引导，积极"追星"。

追星也有积极和健康的一面，家长可以鼓励孩子积极学习偶像身上的优点。如果发现孩子的追星行为带有盲目性，要及时纠正，引导孩子理性思考。比如，要重在对偶像优秀精神品质的学习，而不是对其服饰、发型乃至其他的一切都去模仿；偶像崇拜不可痴迷，不可忘记、放弃了自己的人生目标。总之，要引导孩子学会从偶像身上汲取正能量，让偶像成为孩子向着优秀方向不断前行的动力。

? 思考

追星，该追什么？你如何引导孩子积极追星？

练一练

1. 偶像崇拜为什么更多地发生在青春期？如何理解偶像崇拜在孩子心理发展中的正面意义呢？

2. 作为家长，你在青少年时期崇拜过偶像吗？现在回想起来是什么感觉？和孩子分享一下吧！

22

我被困在"网"中央

短镜头

因为网课的需要，很多家长给孩子配备了手机、平板之类的电子产品。可家长们发现，网课成了噱头，孩子整天抱着手机其实是在打游戏、聊天、刷短视频，俨然成了"手机奴"。因为玩手机的事，亲子大战已经爆发了好多次，把困在"网"中的孩子拉出来怎么就那么难呢？

家庭故事

场景A

豆豆在房间写作业，没忍住诱惑，从抽屉里拿出手机和同学聊得热火朝天，以至于妈妈在外边喊吃饭都没有听见。

妈妈怒气冲冲地推开门，正好看到豆豆慌张地把手机藏进抽屉："好啊，我叫了一百遍吃饭了都听不见，原来又在偷偷玩手机，把手机拿来！"

豆豆心虚地狡辩道："我没有玩，我刚才查资料呢。"

妈妈不信这一套，直接上手去抢："我都看见了还嘴硬？天天就想着玩手机，难怪成绩上不去！"

豆豆极力护住手机，母子俩吵闹的声音引来了爸爸。

爸爸听明白后，黑着脸对豆豆说："把手机拿来！以后写完作业才能碰！"

豆豆虽然害怕，但也不愿意，委屈地叫了一声"爸——"。

爸爸见状，直接动手抢过手机，谁知在争抢中手机掉到地上。看着裂开的手机屏幕，豆豆委屈地说："这个家我是待不下去了！"随即跑了出去。

妈妈一看，慌忙跟了上去，还不忘回头责怪爸爸："都怪你！"

心 理 分 析

1. 豆豆和爸爸妈妈的冲突的焦点是什么？

2. 豆豆为什么不愿意把手机交给爸爸妈妈？爸爸妈妈为什么执意要拿回豆豆的手机？

3. 爸爸妈妈的处理方式达到了他们的目的了吗？为什么？

场景B

鹏鹏在房间写作业，没忍住诱惑，从抽屉里拿出手机和同学聊得热火朝天，以至于妈妈在外边喊吃饭都没有听见。

妈妈推开门，正好看到鹏鹏慌张地把手机藏进抽屉。虽然很生气，但妈妈仍若无其事地说："喊了几次，你都没有反应，所以我进来看看。"

鹏鹏支支吾吾地说："我……我在写作业，没有听见。"

妈妈平和地说："哦，那先吃饭吧！"

鹏鹏赶忙接着说："好啊，先吃饭！"

一家人吃完饭后，妈妈和鹏鹏坐在沙发上聊天。

妈妈说："你最近做作业的时间有点长啊。"

鹏鹏着急地解释："是，作业挺多的。妈妈，我可没干别的事。"

妈妈温柔地说："每天也很累吧，你能坚持下来真不容易。"

鹏鹏见妈妈如此理解自己，赶忙附和："就是就是。其实还好，其他同学也是这样。"

妈妈问："其他同学也做作业做到很晚吗？"

鹏鹏答："都差不多，可能也有一些同学比较抓紧时间，作业做得比较快些。"

妈妈趁机引导："那你要是也能抓紧时间，不也可以早点完成作业？剩下来的时间你就可以做点自己喜欢的事情，或者早点休息。"

鹏鹏惊讶地说："如果我早点写完作业就可以做点自己喜欢的事情，我想干吗就干吗？那我玩会儿手机也可以吗？"

妈妈说："可以啊，不过你玩手机，妈妈也会有些担心。"

鹏鹏着急地问："会担心什么呢？"

妈妈说："担心你为了早点玩手机，作业就不认真写了，还担心你拿到手机之后没有节制，影响了休息。"

鹏鹏思考了一会儿说："我可以这样，手机先放到您那里，我每天写完作业再玩，每天只玩半个小时，您可以监督我，行吗？"

妈妈笑着点点头："好啊，不过口说无凭，我们要写好协议贴到你的房间，男子汉大丈夫，说到做到哦。"

鹏鹏高兴地说："好！"

心理分析

1. 鹏鹏偷玩手机被妈妈发现，但是没有引发家庭冲突的原因是什么？

2. 妈妈做了什么让鹏鹏主动承诺合理、有节制地使用手机？

3. 妈妈没有要求交出手机，鹏鹏为什么愿意把手机交给妈妈保管呢？

专家课堂

为了防止孩子沉迷手机网络世界，家长采取各种"围追堵截"的教育方式却没有效果，反而还会引起激烈的家庭矛盾。与其严防死守，不如理性思考：如何引导困在"网"中央的孩子，让他们合理地使用网络呢？

首先，需要读懂孩子为什么沉迷网络世界。

网络沉迷的原因主要来自两个方面：一是网络游戏的吸引力，它能够给予孩子许多线下得不到的心理满足，比如刺激、宣泄、快乐、成就感、及时奖励、冒险、合作等；二是现实生活的推力，孩子平时学习压力大，如果和同伴、家长交流少，生活又比较单调枯燥，而网络给他们提供了全新的娱乐休闲空间，孩子自然就被推向网络的虚拟世界。因此，预防和解决网络沉迷，只靠封堵是没有用的，重要的是家长要让孩子回归真实的生活，在生活中多为孩子寻找乐趣，设目标、定规则，让孩子体验到现实生活的快乐和意义，看到自己的闪光点，感受到父母的关爱和家庭的温暖。

？思考

什么样的孩子更容易沉迷网络？这对你的家庭教育有什么启示？

其次，既要满足孩子使用网络的正当要求，也要有规则约束。

现在，禁止孩子接触网络、电子产品是不现实的，绝对禁止孩子的网络生活，只会适得其反。家长可以引导孩子利用网络学习知识、了解时事新闻，适当地进行休闲娱乐和社交。家长也要引导孩子认识到网络的两面性，和孩子一起分辨网络信息的真伪，让孩子学会正确使用网络。同时，孩子的自控力是有限的，需要家长的监督，因此家长可以和孩子共同商定网络使用的规则，告诉孩子在特定时间段里可以上网，而在学习时间里必须专心致志地学习。这样，孩子既得到了上网的机会，了解和熟悉了网络，消除了内心对于网络的强烈好奇心和欲望，也可以在此过程中形成自制力，养成适度上网的好习惯。

？思考

为什么要允许孩子适度上网呢？

最后，要以身作则，做孩子的表率。

家长要以身作则。一个时时抱着手机的家长，要求孩子放下手机去学习是没有说服力的。不希望孩子玩手机，自己先要做好表率，充分发挥榜样的力量。孩子在学习的时候，家长应自觉地把手机等电子产品放到一边，不当着孩子的面使用。在陪孩子时，除非紧急的工作或任务，家长最好把手机、电脑收起来，保证在陪伴孩子时是一心一意的。因为，没有一个孩子喜欢父母在陪自己的时候经常被打扰。总之，父母的行为永远在潜移默化地影响孩子，你希望孩子什么样，首先就要做到什么样。

？思考

很多家长都清楚一个道理：家长是孩子的第一任老师。可是为什么还有很多家长做不到以身作则呢？

练一练

1. 你平时使用网络的时间是否过长？是否合理？为了给孩子做好表率，你需要做出哪些调整和改变？

2. 试着和孩子交流网络的利与弊，一起制订"网络（手机）使用公约"，并与孩子一起执行。

23

吃了一"錾"没长智

"吃一錾，长一智"最早是指石匠师傅打石磨时，石坯吃一钎即长一齿。后来表示受到一次挫折，便得到一次教训，增长一分才智。

现实中，孩子经历的"錾"也一定不少。比如，有的孩子考试的成绩一直不好，吃了很多的"錾"，可就是没长智（成绩没提高）；经历了学习上的风风雨雨，却始终没见彩虹……

家庭故事

场景A

本次期末考试，亮亮的数学成绩竟然只得了47分！

看到成绩，亮亮感到非常沮丧。从七年级开始，亮亮的数学成绩就频频亮红灯。这次考得不好，他就寄希望于下次打个翻身仗。可是，这都两年了，不知体验了多少次挫折，他也没有等到一个好成绩。

"唉，不管它了。"心里这样想着，亮亮又不自觉地坐到了沙发上，看起了电视节目。

这时，妈妈开口了："儿子，妈妈给你报了个数学补习班，一会儿让你爸爸带你去见见老师。我们上次给你找的那个老师水平不行，难怪成绩一直上不去。"

亮亮立即拒绝："我不去，好不容易周末，我想休息。"

妈妈无奈地说："哎哟，我的小祖宗，你这次考了这点分，我和你爸都急死了，你自己怎么还不知道着急呢？这样吧，只要你去上辅导班，我们就把手机还给你。"

亮亮眼前一亮："你说的啊，不许反悔。"

亮亮就这样上了几周的辅导班，最终以"老师不会教，自己听不懂"的理由拒绝再上。亮亮的妈妈既着急又无奈，只好再四处打听辅导"名师"。

心理分析

1. 亮亮和妈妈遇到了什么"堑"？

2. 亮亮和妈妈对待这个"堑"的想法是什么？在这种想法之下，他们分别有哪些具体行为？

3. 这个过程中，亮亮长"智"了吗？如果没有，他长了什么呢？

场景B

本次期末考试，美美的数学成绩竟然只得了47分！

美美伤心地哭了起来。看着女儿沮丧的样子，爸爸倒了杯水，默默地递给她。

妈妈安慰道："爸爸妈妈知道你一直很努力。成绩不理想，也别太难受……"

哭了一阵子，美美擦了眼泪，说："我们班同学都太厉害了，也不知道他们是怎么学的。"

爸爸开导美美："人们常说'人外有人，天外有天'。你们这些孩子啊，有的特别聪慧，有的记忆力特别好，有的逻辑思维能力、计算能力特别强，咱们也得正确看待。"

美美低声说："我知道。"

爸爸说："你记忆力也不错，而且从小就很勤奋。我们既要看到别人的优点，又要正确地评价自己。"

美美抬头望望爸爸，坚定地点点头。

爸爸启发道："这次考试，你没有达到自己既定的目标，确实令人难过。不过呢，结果不是最重要的，关键是你如何去看待它。"

美美接着说："我也在想，是自己的学习方法有问题，还是努力不够呢？"

爸爸轻松地说："对，以这次考试为契机，认真反思总结一下，以便扬长避短，争取下一次的成功。另外，平日里多跟同学交流学习方法、学习效率的问题，取长补短嘛！再有什么解决不了的问题，你也可以直接去问老师，将学习中的疑问、困难及时化解。"

经过一段时间的调整，美美的数学成绩有了起色。

心 理 分 析

1. 美美和爸爸遇到了什么"堑"？

2. 美美和爸爸对待这个"堑"的看法是什么？在这个观点之下，他们可能会有哪些具体行为？

3. 这个过程中，美美长"智"了吗？如果长了，她长了什么"智"呢？

专家课堂

遇到失败，有的人能"吃一堑，长一智"，失败作为一种财富帮助他们走向成熟；有的人经过一次或数次失败的打击，因为得不到80分的结果，连60分的努力都不付出而导致更大的失败。面对挫折、失败，家长应该如何引导，才能让孩子从"吃堑"中实现"长智"呢？

首先，避免孩子"吃堑"，家长"长智"。

现实生活中不乏亮亮爸妈这样"努力"的家长。孩子遭遇挫折或失败，家长先急得团团转，为孩子找寻解决办法，只为替孩子铺平眼前的坑坑洼洼。孩子也不去思考解决方法，就等着家长的安排，因为他们知道：不管遇到什么问题，爸妈总会替他摆平。如此便落入了孩子"吃堑"、家长"长智"的怪圈。

因此，要想让孩子实现"吃一堑，长一智"，家长就要避免包办代替，把问题留给孩子去思考、去解决。即使这次孩子没有有效地解决问题，但是他从中收获的经验教训本身就是宝贵的"智"，这就会引导孩子避免将来再出现这类问题。当然，如果孩子没有想法，家长也可以提出自己的建议和想法，指导孩子自己去解决。

❓思考

让孩子"吃一堑，长一智"，家长的立场应该是怎样的？

其次，要正确认识挫折。

孩子在成长的过程中难免会遇到挫折。挫折会给孩子带来挫败感——一种集失望、无助、恼怒、受挫等为一体的综合感觉。当孩子一直在努力，却没有得到预期的结果时，他就会特别失落，感受到挫折，甚至丧失前进的勇气。

家长可以利用挫折对孩子进行挫折教育。第一，要无条件接纳和支持孩子，允许孩子在困难、问题面前表现出脆弱的一面，告诉他挫折是生活、学习的一部分，不要因为自己做得不够好而过于自责，更不必因此感到羞耻，但是要承担起自己的责任，做到迎难而上。第二，教导孩子正视每一次挫折，将每一次挫折变成自己成长的助力，以便下次做得更好。第三，告诉孩子，没有人能在任何时候、任何事情上都一帆风顺，挫折和失败是每个人都会遇到的。第四，和孩子一起分析遇到的挫折，调整方法，改变策略。

家长解决问题的态度，是孩子积极面对挫折的底气。家长要避免跟孩子一起陷入挫败感中，要用积极的心态鼓励孩子从挫折中吸取教训，促进孩子的心理成长。

❓思考

同样是吃堑（遇到挫折），为什么有的人长智，有的人就不长智呢？

最后，陪孩子一起坚持。

看《西游记》时，我们在为唐僧的迂腐、固执感到生气的同时，往往也会被他的勇气、毅力所感动。唐僧虽然没有什么盖世武功，但是他在一次又一次的困境中坚持前行。只要没有被妖怪吃掉，他就继续往前走。这种坚韧不拔、永不服输的精神值得我们每个人学习。

《孟子》说："掘井九仞而不及泉，犹为弃井。"意思是说，挖井，就算是挖了几十丈深，只要没有挖出水，那就是废井。这是在强调坚持的力量，不能半途而废。"坚持就是胜利"不是空洞的口号，而是要体现在行动上。家长可以鼓励孩子在完成任务时全力以赴、迎难而上，避免浅尝辄止、半途而废。坚持做自己该做的事，是孩子成长的基础，也是成功的保证。

？思考

坚持是如何促进"吃一堑，长一智"的？

练一练

1. 选择你印象最深刻的"吃一堑，长一智"的经历，和孩子分享自己的感受。

2. 帮孩子找到一个自己一直"吃堑"却"不长智"的问题，仔细分析以往的做法有何不当并尝试改变。

24

暑假，我要这样过

短镜头

"暑假，我要这样过。"这是某地一道中考作文题。只是，题目"如此简单"，结果却让人大跌眼镜——很多孩子的作文，基本上就是暑假上辅导班、玩手机、看电视，抑或百无聊赖，感觉还不如上学。暑假，到底该怎么过？家长该如何帮助孩子安排暑假？

家庭故事

场景A

暑假开始了。上午10点，禾禾的手机响起来。

"都10点啦，该起床了。牛奶我已经放在餐桌上了，你一定要记得喝啊！听见没？"妈妈打电话喊他起床。

"嗯嗯，知道了。"禾禾懒洋洋地回答。

挂掉电话，禾禾并没有马上起床。他又躺了半小时才睁开眼睛，慢腾腾地起床。一番洗漱之后，也并没有喝牛奶，而是打开电脑，开始玩游戏。

快到12点了，禾禾想起牛奶还没喝，要是被妈妈知道了，又要听她唠叨了。于是，他端起杯子一口气将牛奶喝光。

不一会儿，妈妈回家。一会儿工夫，午饭就做好了。

妈妈喊道："出来吃饭了，怎么又在玩游戏？一起床就开始玩了吧？你啊，别整天坐在电脑前瞎玩。虽说假期可以放松一下，但也别把书全丢在一旁啊！"

禾禾不耐烦地说："知道了，烦不烦啊！"

妈妈出门之前叮嘱道："下午要做作业啊！"

禾禾什么也没说，回到电脑前继续玩游戏。

晚饭过后，禾禾来到客厅，开始看球赛，直到凌晨1点才上床睡觉。

心 理 分 析

1. 禾禾的暑假计划是什么？

2. 面对禾禾的暑假状态，妈妈是怎么做的？妈妈的做法对他有什么影响？

3. 如果禾禾维持现状度过这个暑假，那么他会收获什么？

场景B

暑假第一天，平平一家在晚饭后召开家庭会议。

平平率先发言："今年暑假，我想去参加环保夏令营，还想参加科技馆的体验活动。还有，最好一家人去一趟上海。"

妈妈表示："我很赞同。只是我和爸爸要上班，去上海需要的时间有点长，恐怕有些困难。不过，我们可以在省内旅游啊，好多地方我们都还没去过呢，你觉得呢？"

平平说："嗯，好吧，那就先'省内深度游'吧。"

爸爸妈妈都被平平的话逗笑了。

爸爸看着平平，笑着点头说："不过，暑假也不能只是玩啊。你还有什么其他想法吗？"

平平说："暑假期间，社区经常会有一些志愿者活动，我最近都在关注着，已经报名了。学习嘛，我把老师推荐阅读的书单已经给妈妈了。书到了我就读起来。暑假作业内容不多，我每天做两页，很快就能完成。"

妈妈点了点头说："这个想法好，我支持！"

平平开心地笑了。

心理分析

1. 平平的暑假计划是什么？

2. 家长面对平平的暑假计划是怎么做的？家长的做法对他有什么影响？

3. 如果用这样的方式过暑假，平平会收获什么？

专家课堂

每到暑假，"神兽归笼"，不少家长的感受是喜忧参半。"双减"落地，面对突然没了补课的暑假，很多家长和孩子都有些不知所措。如何才能更好地利用暑假，让孩子各方面再上一个台阶呢？

首先，明确暑假计划的主体。

现实是，不少家长越俎代庖，相当武断地按照自己的想法，给孩子安排得密不透风，孩子疲于奔命，比上学还累。暑假，是孩子的暑假，无论家长对暑假的设想如何，都应该和孩子商量。可以和孩子一起列个"暑假愿望清单"，围绕体育锻炼、旅游、社会实践、兴趣培养、生活能力提升、学业强化、假期安全等。当孩子经过自己的思考，列出暑假的计划时，他就开始学会支配自己的时间了。孩子有了自主性，自律和担当意识增强了，这才是暑假的本质意义。

？思考

国家安排假期，是为了让孩子体验一种和学校里不一样的生活。你孩子的暑假安排，是否能体现国家安排假期的这个意图呢？

其次，走一走，看一看。

有的孩子的计划表完全被"学习"所占据，不仅毫无乐趣，缺乏执行的动力，也不利于孩子的全面发展。长期待在家里，缺乏运动，不利于身体健康；也会因缺少与人交流的机会，导致与人交往困难；有的孩子长期待在室内，还会出现头晕、心情郁闷等现象。

"读万卷书，行万里路。"世界那么大，可以利用暑假时间带孩子走出熟悉的生活圈子，去看看外面的世界，给孩子全新的体验。城里孩子可以去农村感受一下乡村风光和农家生活，农村孩子可以到城里看看多彩夜景和车水马龙；远离海边的孩子可以去领略大海的壮阔，海边的孩子可以去感受草原的广袤；还可以带着孩子在本地转转，加深孩子对故乡山川风貌、风土人情的认识和了解。

？思考

有些家长认为，假期是"弯道超车"的好时机，于是给孩子安排各种辅导班。你怎么看待这种做法？

再次，认识"学"与"悟"的关系。

好的成绩来自好的学习品质，好的学习品质来自好的生活品质。生活是孩子的智慧之源，家庭教育是在生活中进行的。孩子通过生活感知外部世界、进行意义建构的过程，是积累生活经验的过程，是自己去悟道理的过程，这个"觉"和"悟"的过程，就是孩子智慧发展的真实过程。家长要认识到，暑假生活要为孩子的学校学习提供经验支持。暑假家庭教育的根本任务，是通过生活教育为孩子接受学校教育奠定学科概念、学科知识的经验基础。孩子在学校中接受大量学科概念、知识，其理解、贯通、内化往往需要生活经验作基础。

?思考

在有的家长眼里，孩子回到家里只要不看课本、不做作业，就是在荒废时光。你是否认同这个观点？

练一练

1. 国家给孩子们安排假期的目的是什么？

2. 与孩子一起制作"暑假愿望清单"，看看与国家假期安排的目的是否一致。